e-saggi

PAOLO BARNARD

IL PIÙ GRANDE CRIMINE

*Ecco cosa è accaduto veramente
alla democrazia e alla ricchezza comune.
E a vantaggio di chi.*

EDIZIONI
MABED
DIGITALI

IL PIÙ GRANDE CRIMINE
di Paolo Rossi Barnard
(2011)
Edizione 2014 a cura di MABED Edizioni Digitali

ISBN: 978-88-98891-09-2

www.paolobarnard.info

www.mabed.it

info@mabed.it

Puoi trovare questo libro in edizione digitale eBook in tutti gli store online

Indice

L'Autore

Ecco come Paolo Barnard si presenta:

«*Sono un giornalista, o forse lo sono stato, e come tale ho lavorato per innumerevoli testate nazionali fra quotidiani e periodici, come La Stampa, Il Manifesto, Il Corriere della Sera, Il Mattino, Il Secolo di Genova, La Repubblica, La Voce di Montanelli, Il Sabato, Chorus, Oggi, Avvenimenti e altri. Per la televisione in RAI con Samarcanda di Santoro durante la Guerra del Golfo (1991) e con Report per dieci anni, avendolo co-fondato (1994-2004). Per riviste di cultura come Micromega, Altrove, Golem del Sole 24 Ore, e per agenzie di stampa e testate online. Mi sono occupato soprattutto di politica estera. Mai assunto, mai contrattualizzato. Ho scritto libri su terrorismo internazionale, Palestina e Israele, e sull'umanizzazione della Medicina. Ho tenuto conferenze per anni in giro per l'Italia sui temi delle mie inchieste (quelle di Report, RAI) e sul mio impegno come attivista per un 'mondo migliore'. Nella mia vita ho fatto forse più volontariato che giornalismo, in campi diversi come i Diritti Umani, l'esclusione sociale, la lotta alla povertà nel mondo, l'aiuto agli ammalati terminali, l'impegno civico. Ho vissuto in Gran Bretagna e in parte negli USA.*

Mai iscritto a un partito, mai appartenuto a gruppi d'interesse legati al potere, mai raccomandato ovviamente; non ho mai compiaciuto a chi stava sopra di me sul lavoro, e per essere libero ho sempre fatto tutto quello che in questo Paese ti garantisce la non-carriera. Infatti non ho fatto carriera, non all'interno del Sistema né nelle nutrite fila dell'Antisistema (che richiede la medesima omologazione). Ho un attaccamento fortissimo al senso di giustizia, non sto zitto e dico ciò che penso sempre, a qualunque costo. Ho pagato e pago per questo prezzi alti, talvolta al limite del sopportabile. Ad esempio, dopo la mia rottura con RAI e Gabanelli per la vicenda di Censura Legale (leggi nel sito), mi sono auto-sospeso dalla RAI e ho rifiutato due diverse proposte di lavoro in quell'Azienda (da Giovanni Minoli e da Carlo Vulpio), perché prima di tornarvi io pretendo da RAI e Gabanelli le scuse, e soprattutto un impegno aziendale a difendere tutti i giornalisti freelance, che vi lavorano, nella cause civili derivanti dalle loro inchieste. Tradotto: sto senza lavoro e ai margini della notorietà per questo principio.

Detesto in modo assoluto la cultura dei 'personaggi', la cosiddetta Cultura della Visibilità (leggi Vip), sia quella massmediatica propria del Sistema che quella 'antagonista' del nostro Antisistema. La considero il peggior veleno che sia mai stato inoculato nel tessuto civico italiano, e in generale dei Paesi occidentali. Ci ha distrutti, pochissimi si rendono conto fino a che punto. Credo fortemente nella parità di tutti, nell'importanza di ciascuno a prescindere, nessuno conta più di qualcun altro. Mai.

Per le mie idee e per ciò che ho fatto sto molto antipatico al Sistema e ancor di più all'Antisistema. Una condizione piuttosto insolita, e ora non so da che parte girarmi».

A tutto questo va aggiunto che Paolo Barnard è stato quel cittadino ad aver introdotto in Italia la scuola economica della Modern Money Theory (MMT) - Teoria della Moneta Moderna, nel 2011 con la pubblicazione sul proprio sito web de *Il più grande crimine* (proposto in edizione digitale eBook da Mabed). Il successo di questo saggio ha permesso a Barnard di organizzare due tra i più grandi convegni di economia della storia d'Italia svoltisi a febbraio 2012 a Rimini e a ottobre 2012 a Rimini e Cagliari.

Paolo Barnard è uno degli estensori del *Programma Me-Mmt di salvezza economica per il Paese* scritto insieme agli economisti Warren Mosler, Mathew Forstater e Alain Parguez. Il programma è scaricabile gratuitamente all'indirizzo www.memmt.info.

Nota dell'editore

Paolo Barnard, che resta proprietario dell'opera, ha esplicitamente rinunciato alla riscossione dei diritti d'autore derivanti dalla vendita del presente eBook. La versione online de *Il più grande crimine* può anche essere consultato sul sito web di Paolo Barnard. Un'edizione cartacea del saggio è stata pubblicata da Edizioni Andromeda

AVVERTENZA

Questa è una inchiesta di rigore scientifico che si è avvalsa della consulenza di dodici economisti universitari internazionali. I loro nomi, le note e la bibliografia che attestano della serietà di questo saggio sono elencati in calce. Ma l'ho scritto in stile narrativo affinché chiunque la possa leggerlo e divulgarlo.

"Le elite sapevano che gli Stati a moneta sovrana avrebbero potuto creare la piena occupazione senza problemi, in tutto il mondo, ma ciò gli avrebbe sottratto il potere. Dovevamo soffrire."

Ecco Il Più Grande Crimine

È semplice da capire. Ci fu un giorno di non molti anni fa in cui finalmente, e dopo secoli di sangue versato e di immane impegno intellettuale, gli Stati abbracciarono due cose: la democrazia e la propria moneta sovrana moderna. Un connubio unico nella Storia, veramente mai prima esistito. Significava questo: che per la prima volta da sempre noi, tutti noi, avremmo potuto acquisire il controllo della ricchezza comune e stare bene, in economie socialmente benefiche e prospere. Ma questo non piacque a qualcuno, e fu la fine di quel sogno prima ancora che si avverasse.

Questo saggio vi parla del più grande crimine in Occidente dal secondo dopoguerra a oggi. Milioni di esseri umani e per generazioni furono fatti soffrire e ancora soffriranno per nulla. I dettagli e l'ampiezza della loro sofferenza sono impossibili da rendere in parole. Soffrirono e soffriranno per una decisione che fu presa a tavolino da pochi spregiudicati criminali, assistiti dai loro sicari intellettuali e politici. Essi sono all'opera ora, mentre leggete, e la spoliazione delle nostre vite va intensificandosi giorno dopo giorno, anno dopo anno.

La loro operazione su scala globale è definita, per gli scopi di questo saggio, come **Il Piano Neoclassico, Neomercantile e Neoliberista**. Sulla loro identità mi dilungherò fra poco, ma per ora posso dire che sto parlando dei leader dei maggiori istituti finanziari del mondo e delle corporations di stazza multinazionale, accompagnati da uno stuolo di fedeli pensatori economici e di tecnocrati. I politici, obbedienti, spesso li seguono a ruota. A volte li sentirete chiamare "gli investitori internazionali" che si riuniscono in alcuni club esclusivi come la Commissione Trilaterale, il Bilderberg, il World Economic Forum di Davos, l'Aspen Institute e altri. Sono coloro che il settimanale The Economist ha di recente chiamato "*I Globocrati*"[1].

Ma prima di vederli nel dettaglio, assieme alle loro organizzazioni, ai loro sponsor e ai particolari del loro piano decennale, vorrei offrire al lettore un'idea più precisa del danno che essi hanno inflitto (e che stanno infliggendo) a milioni di esseri umani qui, nel mondo occidentale. Lasciatemi dire semplicemente che almeno negli ultimi 40 anni il loro piano è stato la causa dei seguenti fenomeni (per nominarne solo alcuni):

- una gran parte della disoccupazione e sottoccupazione che abbiamo conosciuto – mantenute in vita senza che vi fosse un reale motivo, con le devastazioni sociali che ci hanno portato;

- la perenne mancanza di fondi per lo Stato Sociale, cioè dall'assistenza sanitaria alle pensioni minime e molto altro – con l'enorme espansione delle sacche di povertà urbana e le migliaia di morti anzitempo che abbiamo sofferto;

- la discriminazione nell'accesso all'istruzione migliore, dove solo i privilegiati hanno goduto di reali opportunità – con milioni di nostri giovani consegnati a un futuro minore e a una vita di frustrazioni;

- l'erosione dei diritti dei lavoratori e della forza contrattuale sindacale fino a livelli che sono pochi anni fa sarebbero apparsi inimmaginabili – che ci ha portato all'attuale gara al ribasso degli stipendi a fronte di uno sfruttamento sempre maggiore sul posto di lavoro, il tutto peggiorato dalla delocalizzazione dell'occupazione verso Paesi esteri;

- i drammi delle generazioni anziane, che sono state dipinte come i capri espiatori per l'Isteria da Deficit che ha travolto le nostre nazioni – facendo sì che milioni di nostri pensionati si sentano oggi responsabili per la carenza di mezzi finanziari disponibili per i giovani;

- l'impotenza in cui sono stati trascinati gli Stati, ai quali è stata sottratta la sovranità monetaria e legislativa, cui si aggiunge la messa al margine della cittadinanza. Il tutto mirato ad impedire alla maggioranza dei cittadini di beneficiare dei legittimi poteri degli Stati di creare per loro ricchezza – le tragiche conseguenze di ciò e l'incredibile successo di questa parte del piano Neoclassico, Neomercantile e Neoliberista vi saranno più chiari in seguito;

- le privatizzazioni selvagge, divenute una religione economica inattac-

---

1   (The Economist, The world's water coolers, Jan 20, 2011)

cabile, che ha consegnato agli investitori internazionali enormi fette di beni pubblici a prezzi stracciati – e che ha consegnato anche interi popoli nelle mani di fornitori di servizi essenziali a caccia di profitti, con conseguenze spesso disastrose per il tessuto sociale;

- l'enorme espansione di un settore finanziario pericolosamente sotto regolamentato che oggi ha il potere di creare devastazioni in qualsiasi Stato, frodando milioni di persone e speculando su crisi economiche create a tavolino;

- l'attuale crisi finanziaria ed economica mondiale, che sta infliggendo immensi danni alle piccole e medie imprese, e di conseguenza a intere economie nazionali con masse di lavoratori a rischio, quando non già rovinati del tutto.

Quanto sopra descritto si è materializzato in un progetto di proporzioni storiche come pochi prima, architettato con un dispiegamento di mezzi impressionante, quasi impossibile da concepire per una mente comune, e con una finalità che toglie il respiro solo a considerarla:

La distruzione degli Stati a spesa sovrana, delle leggi, delle classi lavoratrici, e di ogni virgulto rimasto di democrazia partecipativa in tutto l'Occidente, per profitto.

Fu letteralmente deciso a tavolino, e ci sono riusciti. I sindacati non hanno mai saputo né capito nulla, poveracci loro, ancor più miseri i lavoratori.

A un livello personale, stiamo parlando di milioni di vite, sogni e speranze castrati o del tutto distrutti per sempre, qui, nel mondo occidentale. Ma vorremmo mettere subito in chiaro coi lettori che questa non è una teoria del complotto. Al contrario, i tratti più generici di questo crimine sono stati oggetto per decenni di libri, dibattiti e saggi, da parte di intellettuali, attivisti e movimenti assortiti. Ciò che invece non è mai stato reso noto, è questo:

1) CHE L'ATTUALE, APPARENTEMENTE INCONTRASTABILE POTERE DEI "GLOBOCRATI", E L'IMMENSA SOFFERENZA CHE HA CAUSATO, SONO IL FRUTTO DI UNA STRATEGIA LUNGA 75 ANNI, COORDINATA, STRUTTURALE, E SOSTENUTA DA UN'IDEOLOGIA ECONOMICA PRECISA. E CHE NON SONO, COME SPESSO DICHIARATO, UNA ABERRAZONE DEL CAPITALISMO.

2) CHE ESISTE UNA DOTTRINA E FILOSOFIA ECONOMICA CHE AVREBBERO POTUTO EVITARE, E ANCORA OGGI POTREBBERO EVITARE, TUTTA QUELLA SOFFERENZA, CHE VIENE INVECE RAPPRESENTATA DALLA PROPAGANDA COME IL RISULTATO DI UNA SFORTUNATA NECESSITA' DERIVANTE DALLE CRISI GLOBALI. NON LO È MAI STATA, ALMENO NEGLI

SCORSI 40 ANNI. LA VERSIONE ODIERNA DI QUELLA DOTTRINA E FILO-
SOFIA ECONOMICA SI CHIAMA MODERN MONEY THEORY (DETTAGLI IN
SEGUITO).

3) CHE FU PRECISAMENTE PER DISATTIVARE QUELLA DOTTRINA E FILOSO-
FIA ECONOMICA CHE LE ELITE NEOCLASSICHE, NEOMERCANTILI E NEO-
LIBERISTE HANNO LOTTATO PER DECENNI, INFILTRANDO LA POLITICA,
LE UNIVERSITA' E I MEDIA.

4) CHE QUELLO CHE È STATO AGGREDITO, E FORSE COLPITO A MORTE, È
L'ESSENZA STESSA DELLA DEMOCRAZIA, DEFINITA COME L'ESISTENZA
DI STATI SOVRANI CHE USANO IL LORO POTERE DI CREARE RICCHEZZA
PER IL BENEFICIO DEI CITTADINI.

5) CHE LE MENTI DI QUESTO PIANO CRIMINOSO STANNO PROPRIO ORA
SPINGENDO LE NOSTRE SOCIETÀ ED ECONOMIE SULL'ORLO DEL BARA-
TRO PER SOLI MOTIVI DI PROFITTO, CON CONSEGUENZE DRAMMATICHE.
DEVONO ESSERE FERMATI CON UNO SFORZO PER AVVERTIRE IL PUBBLI-
CO, CHE DOVRA' CHIEDERNE CONTO AI POLITICI.

Ciò che segue è un saggio su un piano che ha fermato più di duecento anni di
progressi democratici e sociali in occidente e che ha aperto la strada al ritorno
a un potere quasi assoluto delle elite finanziarie e grandi industriali. Ignorare il
piano Neoclassico, Neomercantile e Neoliberista significa in primo luogo non
capire la realtà occidentale odierna. Significa non capire nulla di ciò che guida
la mano di governi, l'italiano incluso, totalmente in ostaggio delle elite. Significa
infine non poter far nulla per combattere le scandalose ingiustizie odierne, ma
soprattutto auto destinarci a decenni di ulteriori, inutili sofferenze nella vita
reale di milioni di famiglie comuni.

Nota: come leggere questo saggio

Troverete appena qui di seguito una Parte Tecnica. Essa sarebbe necessaria per comprendere a fondo quali erano le esatte potenzialità dello Stato a moneta sovrana nel tutelare i suoi cittadini a scapito delle elite, le quali proprio per distruggere quelle potenzialità hanno pianificato per 75 anni quanto descriverò di seguito. Ma chi è solo interessato al Più Grande Crimine che questo saggio rivela, può saltare la parte tecnica fino alle righe in merito ad esso. Ma sappiate che troverete difficile capire come fu perpetrato.

PARTE TECNICA

Consulenza scientifica a cura degli economisti listati
al termine del saggio

Cos'è la moneta?

Oggi la moneta che circola è un IO VI DEVO emesso dallo Stato per i cittadini. Letteralmente, ogni monetina, ogni banconota, ogni titolo di Stato e ogni saldo di conto corrente che teniamo in mano è una promessa dello Stato fatta al cittadino (IO VI DEVO) di corrispondergli un qualcosa in cambio di quel metallo o di quei pezzi di carta e titoli o della cifra scritta in quel conto corrente. Che cosa lo Stato si impegni a dovere al cittadino è materia di cui tratto fra qualche riga.

Poi: la moneta sovrana è sempre di proprietà dello Stato che la emette, perché lo Stato crea la moneta sovrana circolante spendendo PER PRIMO, cioè è l'unico soggetto esistente che 'monetizza' PER PRIMO i beni/servizi circolanti acquistandoli, dopo possono farlo anche i cittadini, ma solo una volta che lo Stato ha speso per primo originando la moneta. Nel processo di monetizzazione dei beni/servizi, lo Stato è assistito dalle Banche Centrali (BC), che appunto monetizzano l'atto originario di spesa dello Stato (dettagli nel capitolo COME SPENDONO GLI STATI A MONETA SOVRANA).

Conosciamo tutti la storiella (falsa) degli antichi che per smettere di scambiarsi pecore con legna o arance con stoffa o mattoni con ferro, e quindi vivere scariolando masse di beni in giro, decisero di inventarsi la moneta di metallo, che rappresentava il valore dei beni ed era molto più agile da usare. Poi sappiamo che a un certo punto furono inventate le banconote, ancora più efficienti, e che si decise che il denaro in circolazione doveva essere sempre 'convertibile' in qualcosa di prezioso e concreto che gli desse un valore: oro, o altre monete importanti. Fino al 1944 e poi fino al 1971 il cittadino poteva teoricamente portare le sue banconote in banca, o alla BC, e pretendere che in cambio gli dessero un pezzetto d'oro di valore equivalente. Questo era un solido sistema per mantenere sia la quantità di moneta circolante che l'attività delle banche sotto controllo. Infatti tutte le banche dovevano in teoria garantire di emettere tanto denaro quanto oro possedevano nei forzieri, e non di più. Ma questo sistema aveva degli svantaggi enormi. C'era il perenne rischio del famoso colpo in banca e di veder sparire l'oro. Ma soprattutto in caso di crisi economica, se i cittadini si fossero precipitati in massa in banca per esigere oro al posto delle banconote divenute di poco valore (es. inflazione galoppante), le banche non avrebbero in realtà mai potuto onorare quelle richieste, perché l'oro non era di fatto mai pari alla moneta emessa. Ciò procurava automaticamente il fallimento delle banche e anche degli Stati, cioè quello che oggi si chiama Default. Una catastrofe. Fu così che nel 1944 prima (accordi di Bretton Woods) e definitivamente nel 1971 (decisione di Nixon) la convertibilità della moneta in oro (il Gold Standard) fu cancellata.

Oggi le monete più in uso, dollari, sterline, euro, yen ecc. non sono più 'convertibli' in alcunché. Attenzione, si badi bene che 'convertibili' non significa che non si possano cambiare in altre monete per andare in vacanza (es. cambio euro in dollari per andare a New York); significa che il cittadino non può più ottenere da banche e BC né oro né alcun altro bene concreto in cambio delle sue banconote.

Come già accennato in precedenza, le monete degli Stati oggi si distinguono in sovrane e non sovrane. Le sovrane devono essere 1) di proprietà dello Stato che le emette; 2) non convertibili, come spiegato sopra; 3) floating, che significa che le autorità non promettono più di cambiarle a un tasso fisso con altre monete forti (es. anni fa il pesos argentino era convertibile col dollaro in un rapporto fisso di 1 pesos contro 1 dollaro), e lasciano quelle monete 'fluttuare' (floating) sui mercati che ne decidono i tassi di cambio di volta in volta. Il dollaro, lo yen o la sterlina ad esempio sono sovrane perché rispettano i tre criteri di cui sopra

La moneta sovrana come dollaro o sterlina è sempre emessa, quindi inventata dal nulla, dallo Stato che la possiede: quello Stato origina la moneta, e i suoi cittadini possono solo usarla, guadagnandola o prendendola in prestito. L'euro invece non è moneta sovrana perché nessuno Stato europeo ne è il proprietario, ed è invece emesso da un sistema di banche centrali, sempre inventandolo dal nulla. Esso non è originato da nessuno degli Stati dell'Unione Europea, quindi l'euro non è né degli Stati né dei cittadini, e sia gli Stati che i cittadini possono solo usarlo prendendolo in prestito o guadagnandoselo. Questa cruciale differenza è anche all'origine della catastrofe finanziaria europea, un crimine architettato a tavolino anch'esso. Capirete poi.

Tuttavia, in entrambi i casi, la moneta non è mai dei cittadini privati; ribadisco che i privati possono solo usarla, prendendola in prestito o guadagnandola. Va compresa questa cosa perché il pensiero contrario, e cioè che i cittadini o le banche posseggano il denaro, è fonte di innumerevoli incomprensioni ed errori.

Annotate anche quanto segue, che spiegherò meglio dopo: poiché la moneta sovrana è sempre originata dallo Stato, che se la inventa di sana pianta, quello Stato può darla o sottrarla a piacimento e non ne rimarrà mai senza. Non può esaurire la propria moneta, dunque il suo debito è un falso problema (approfondimento più avanti).

Oggi le maggiori monete non sono convertibili in oro. Ok, ma allora che valore hanno in realtà? Nessuno, è la risposta. E questo anche per altri motivi. La moneta moderna è emessa in varie forme, chiamate dai tecnici M1… M2…3…4 ecc., ma tutte queste forme sono o pezzi di carta stampata che valgono solo il prezzo della carta, o monetine che valgono il misero metallo con cui sono fatte, oppure altri pezzi di carta da nulla (es. titoli di Stato) o ancora impulsi elettronici emessi da banche e BC, cioè aria fritta. Sappiate che oggi oltre l'80%-90% in media di tutto il denaro circolante al mondo è solo impulsi elettronici che compaiono sui computer, basta, è nulla di concreto.

Dobbiamo fare un salto di coscienza contro natura per capire cosa sia veramente il denaro, perché non esiste idea al mondo più cementata nella mente delle persone del fatto che i soldi siano un valore[2]. Non lo sono mai in sé. I soldi,

---

2   *Cresciamo con un'idea conficcata in testa: il denaro ha valore in sé (sappiamo ora che non è vero), dunque le banche sono ricchissime. Sbagliato, le banche non sono affatto ricchissime, anzi, nel mondo degli affari non svettano per profittabilità. So che in questo preciso istante state pensando "follia pura", ma non lo è. Il problema è invece l'habitus mentale che abbiamo cementato nella mente secondo cui il denaro ha valore in sé, ergo chi lo maneggia si arricchisce tanto, e che deriva da una profonda incomprensione di cosa esso sia. Vi offro una prova al volo: il motivo per cui siamo arrivati alla terribile crisi finanziaria del 2008-2010 è che tante banche commerciali hanno cercato di trasformarsi in banche d'investimento e hanno preteso poi di fare giochi speculativi azzardatissimi. Ma perché l'hanno fatto? Precisamente perché i banchieri si resero conto che il business della gestione dei conti correnti, prestiti/mutui e piccolo risparmio, cioè essere banche normali, era roba di poco conto rispetto ai profitti di chi giocava in serie A, ovvero gli istituti d'investimento speculativo. Essere banche commerciali significa infatti gestire il denaro per la vita ordinaria di cittadini e aziende, e siccome quel denaro non è una ricchezza in sé, pochi sono i grandi guadagni.*

la moneta, sono solo un mezzo, che, in rigoroso ordine di tempo, lo Stato s'inventa per primo, poi se lo inventano le banche e infine tutti lo usano. Il denaro è come un codice di apertura di serrature, che permette di avere accesso a cose e sevizi, proprio come il codice del telecomando del vostro cancello automatico. Il denaro, come quel codice, non esiste nella realtà materiale, esso è impulsi elettronici che viaggiano per banche e computer, oppure è scritto come codice su dei pezzi di carta (banconote e titoli di Stato), e ha valore solo se ad esso si associa qualcos'altro, come chiarisco fra un attimo. Ma si badi bene che quanto ho appena affermato non è un giochetto filosofico sui termini, è immensamente rilevante per capire poi come lo Stato spende, cosa sono veramente le banche, come gira l'economia.

Vi faccio un paio di esempi per rendere evidente ciò che avete appena letto, e cioè che il denaro di per sé è solo un codice astratto. Voi andate in banca, e chiedete un prestito di 10.000 euro. La banca vi dice ok, e vi apre un conto corrente (di seguito c/c) con 10.000 euro. Cosa ha fatto la banca? Ha premuto un tasto e ha creato un numero elettronico, 10.000, cioè nulla di valore, solo un numero – la banca si inventa letteralmente quel prestito. Voi a quel punto decidete di prendere quei 10.000 euro e di restituirli il giorno stesso alla banca. La banca cancellerà con un altro tasto il vostro debito. Nulla ha guadagnato, nulla avete perso, nulla è mai esistito, anche se c'erano ben 10.000 euro in un c/c a un certo punto, che a chiunque sembrano una notevole ricchezza. Era aria fritta, in sé, nulla di materiale e nulla di proprietà della banca, né del cittadino, come invece potrebbe essere una casa o un gioiello che non si annullano scambiandoseli.

Secondo esempio: immaginate le banche come un sistema unico, che in effetti è ciò che le banche sono. Il Sig. A va in banca e ottiene un prestito di 10.000 euro. La banca si inventa dal nulla quella cifra, e apre un c/c per il Sig. A. Il c/c rappresenta il debito della banca verso A (gli dovrà mettere a disposizione quei soldi). La banca riceve da A una carta con su scritto "devo restituirvi questi soldi", che rappresenta il bene che la banca ha in mano in cambio del c/c di A. Situazione: la banca ha dato al Sig. A dei numeri elettronici creati dal nulla = zero valore, e lui le ha dato un pezzo di carta = zero valore. Poi A spende quel denaro per comprare un'auto, che invece è un valore concreto, che lui possiede non la banca. Il concessionario verserà i 10.000 euro del Sig. A creati dal nulla, cioè aria fritta, nella sua banca, ed essa è costretta ad accettare come validi quei soldi aria fritta inventati da un'altra banca. Situazione a livello di banche come sistema unico: c'è una banca, quella del Sig. A che è a credito di 10.000 euro (A glieli deve ridare), e ce n'è un'altra che è a debito di 10.000 euro (li deve al concessionario che li ha versati). Esiste quindi a livello di sistema bancario un credito che è annullato da un debito. Pari, nessun profitto per le banche finora, infatti quei 10.000 euro per le banche non sono nulla, solo impulsi elettronici inventati da una banca e accettati come buoni da un'altra banca. A dovrà lavorare per restituire quei soldi, ma non lavorerà per pagare la banca, bensì per pagare la sua auto. Alla banca, attraverso le rate pagate da A, ritorneranno indietro gli impulsi elettronici aria fritta che si è inventata. Ovviamente, col meccanismo degli interessi si generano altri codici sia per la banca che per i c/c di A e del concessionario, ma questo di nuovo non è una ricchezza reale, sono solo codici astratti che possono o non possono essere un bene al netto (se la banca è in passivo anche gli interessi scompaiono).

Ma allora cosa diavolo dà alla moneta di Stato il suo valore? Cosa la rende così necessaria al punto che (quasi) tutti lavoriamo come muli per ottenerla? Due sono le risposte:

1) Il fatto che lo Stato accetta solamente la sua stessa moneta come pagamento valido delle tasse e delle obbligazioni che i cittadini gli devono corrispondere.

2) Il fatto che le BC e le banche commerciali che hanno emesso la moneta di Stato creata dal nulla, sempre la riconoscono come valida quando gli torna indietro sotto forma di pagamenti dei cittadini.

Ecco cosa oggi dà valore al denaro degli Stati, che altrimenti sarebbe solo cartaccia o impulsi elettronici da nulla, facilmente sostituibile con altro.

Spiego il primo punto: chiedetevi perché mai così tanti cittadini lavorano sodo per guadagnare la moneta di Stato, piuttosto che altre monete che si potrebbero inventare. Chiunque potrebbe creare denaro, ad esempio immaginiamo gli 'Itali'. Basterebbe stamparli e decidere che da oggi in poi ce li riconosciamo validi a vicenda nelle vendite e acquisti di beni e servizi. Ma potremmo poi con gli Itali pagare le tasse, le imposte e tutti gli altri balzelli pubblici e di Stato? No, lo Stato non ce li riconoscerebbe. E allora ci toccherebbe lavorare metà giornata per guadagnarci gli Itali e metà per intascare gli Euro che lo Stato riconosce. Un caos. Ecco che allora tutti noi siamo costretti a riconoscere la moneta di Stato come valido metodo di pagamento del nostro lavoro, e poi anche come valido metodo di pagamento delle cose che compriamo, poiché chi le vende dovrà anch'egli pagare le sue tasse/imposte con quella moneta, per cui la necessita. Insomma, la moneta di Stato la necessitiamo tutti quella dovremo guadagnarci.

Il secondo punto è altrettanto chiaro: siete a cena e pagate con la carta Visa. La Visa riceverà un assegno dalla vostra banca. Ma quell'assegno è nulla, carta straccia, proprio perché come detto il denaro in sé non ha valore. Visa lo depositerà in un'altra banca, e ancora quella somma sarà nulla di valore, solo un numero teorico apparso su un computer. Poi accade che la BC verrà informata dell'esistenza di quell'assegno versato da Visa nella sua banca, e provvederà ad accreditare a quella banca l'importo dovuto coi soldi di Stato prelevati dalle riserve della vostra banca. Solo a quel punto il vostro pagamento sarà ritenuto da Visa valido: è accaduto infatti che il vostro denaro che fu emesso da Stato e poi anche da banche come aria fritta, è stato però riconosciuto come valido sia dalle medesime banche ma soprattutto dalla stessa BC, e questo e solo questo gli ha conferito il valore finale, perché anche in questo caso la BC non avrebbe riconosciuto come valida alcuna altra moneta. Visa è soddisfatta.

Ecco quali sono quegli ingredienti che se aggiunti all'inerte e nullo denaro gli danno finalmente valore. E qui rispondo alla domanda posta all'inizio di questa parte: se è vero che la moneta (banconote, impulsi elettronici, monetine, titoli di Stato ecc.) altro non è che una serie di IO VI DEVO emessi dallo Stato ai cittadini, cosa è esattamente che lo Stato deve ai cittadini in cambio di quella moneta (cioè quando i cittadini gliela restituiscono)? La risposta è conseguente a quanto detto sopra nel punto 1: lo Stato, in cambio della sua moneta, ci deve il nostro diritto di saldare tutto ciò che gli dobbiamo usando quella stessa moneta. Solo questo. Si potrebbe obiettare che in ciò lo Stato è tiranno, perché in effetti si inventa una sua moneta, obbliga i cittadini a lavorare per ottenerla col solo scopo di potersi poi liberare delle imposte che lo stesso Stato gli impone. Cioè lo Stato appioppa a ogni singolo cittadino un 'peccato originale' (le tasse da pagare) e lo costringe a usare la sua moneta per liberarsi da quel 'peccato'. Ma non è solo arbitrarietà. Pensateci bene: se non ci fosse questo sistema, chi mai lavorerebbe per il settore pubblico, cioè statale? Pochissimi. Perché i privati potrebbero inventarsi altre monete in concorrenza con quelle dello Stato, e in virtù dei maggiori profitti promettere poi maggiori vantaggi ai cittadini, per cui quasi nessuno finirebbe a lavorare per il settore pubblico e lo Stato medesimo cesserebbe di esistere. Sarebbe il trionfo dei signorotti locali in stile feudale, cioè nascerebbero veri e propri Stati privati con monete private entro lo Stato. Un caos. Ma si badi bene che in virtù degli stessi principi enunciati, anche le eventuali monete private perderebbero ogni valore se non fossero riconosciute come valide per pagare le inevitabili tasse all'interno di quei mini Stati privati.

Come spendono gli Stati a moneta sovrana

Gli Stati a moneta sovrana spendono inventandosi la moneta e accreditando con essa i conti correnti di coloro che gli vendono beni o servizi. Questo procedimento è complesso, poiché le leggi in vigore l'hanno artificialmente allungato per evitare scorciatoie (percepite, ma che non erano reali) da parte di governi truffaldini. Prendo come esempio gli Stati Uniti, e illustro come spende il governo di Washington a esemplificazione generale di come viene usata una moneta sovrana, anche se da nazione a nazione le cose possono variare nei dettagli.

Il governo USA vuole acquistare una nave da guerra; la prima cosa che fa è controllare sul proprio c/c presso la FED (banca centrale USA) se vi sono sufficienti fondi. Se ci sono, il governo stacca un assegno e compra la nave. Se non ci sono allora esso emette dei titoli di Stato per il valore della nave e li vende a banche private chiamate Special Depositories (parte del sistema bancario privato americano), le quali mettono a disposizione del governo un c/c con la somma voluta. Attenzione: i titoli di Stato vanno alle Special Depositories , e non alla FED come erroneamente detto da alcuni.

Normalmente quando una banca privata acquista titoli di Stato, deve pagarli con denaro tenuto nelle sue riserve che stanno alla FED, ma in questo caso particolare la legge USA permette alle Special Depositories di prendersi i titoli di Stato senza addebitargli le riserve. Cioè, le Special Depositories acquistano i titoli di Stato e accreditano il c/c del governo presso di loro con denaro inventato dal nulla. Le Special Depositories hanno a questo punto un passivo che è il c/c del governo e un attivo che sono i titoli di Stato. (1 PASSIVO & 1 ATTIVO). Il governo però non può staccare un assegno per comprare la nave nel nome delle

Special Depositories, e deve prima far trasferire il suo c/c delle Special Depositories alla FED. Le Special Depositories lo fanno, e in questo modo perdono la loro passività col governo (il suo c/c), ma mantengono l'attivo che sono i titoli di Stato. (0 PASSIVO & 1 ATTIVO). Nel trasferire la cifra di quel c/c alla FED, esse subiscono però un addebitamento nelle loro riserve da parte della FED. Quindi le Special Depositories recuperano di nuovo un passivo, che è l'addebitamento delle loro riserve, e rimangono con un attivo che sono i titoli di Stato. (1 PASSIVO & 1 ATTIVO).

Il governo ora può staccare l'assegno dal proprio c/c alla FED e comprare la nave. Il venditore deposita la cifra presso la sua banca, e siccome quella cifra è denaro dello Stato, la FED accrediterà le riserve della banca del venditore (che è parte del sistema bancario come le Special Depositories). In questo modo, la passività del sistema bancario con la FED scompare (quella contratta quando trasferirono il c/c del governo alla FED), per cui rimangono solo con l'attivo dei titoli di Stato. (0 PASSIVO & 1 ATTIVO)

Cosa è successo? Lo Stato ha speso e alla fine del processo ci troviamo con un bene nelle mani del governo (la nave) e un bene (i titoli di Stato) nelle mani delle banche. Il bene nelle mani delle banche non è bilanciato da alcuna passività nel sistema bancario (vedi ultimo punto sopra), per cui la spesa dello Stato ha creato nella società un cosiddetto 'bene finanziario al netto' (si legga ulteriore spiegazione più sotto). Infatti se il sistema bancario privato ha bisogno di rimpolpare le sue riserve, può vendere i titoli di Stato ai cittadini o alla FED. Se li vende ai cittadini, essi si arricchiranno, poiché il loro denaro si sposterà da un c/c bancario dove guadagna quasi zero interessi a una sorta di 'libretto di risparmio' (i titoli di Stato) dove guadagna molto di più. Se li vende alla FED, essa ne ricaverà solo gli interessi, poiché la FED per ciascun titolo di Stato che acquista dalle banche deve accreditargli la cifra corrispondente nelle loro riserve, che è una sua passività. Infine non accade affatto che la FED possa profittare dalla maturazione dei titoli di Stato o dalla loro vendita ai privati. Perché nel primo caso, anche se lo Stato a moneta sovrana deve pagare i titoli di Stato a maturazione (o gli interesssi), esso comunque non spende nulla (spiegazione nel capitolo UN DEBITO CHE NON È UN PROBLEMA, ANZI), e poi si noti che il denaro che la FED riceverà sarà lo stesso denaro-aria fritta che la FED ha emesso monetizzando la spesa dello Stato, e che ora si riprende indietro[3].

---

3   *Quando la BC compra un titolo di Stato, essa sposta il denaro-aria fritta che si inventa dai suoi c/c al 'libretto di risparmio' che è il titolo di Stato, ma quando lo vende essa si riprende indietro lo stesso denaro-aria fritta del 'libretto di rispar-mio'-titolo di Stato, che ritorna così sui suoi c/c. Nulla di più. Unico profitto sono gli interessi.*

Nel secondo caso, idem. L'unico reale profitto della FED sui titoli di Stato sono gli interessi.

Detto ciò, va sottolineato che un governo con moneta sovrana potrebbe spendere anche direttamente accreditando i c/c di coloro che gli vendono beni o servizi, e non necessita assolutamente di tasse o di emissione di titoli di Stato per poter spendere. Può sembrare assurdo dirlo, ma il procedimento di cui sopra è solo una gimcana – un dettaglio istituzionale che il governo si auto impone, ma che di fatto equivale a che il governo si fosse semplicemente inventato i soldi che gli servivano e avesse così comprato la nave. Va compreso che i governi a moneta sovrana non spendono come i cittadini, cioè non devono mai, come invece i cittadini, trovare il denaro PRIMA di spenderlo (i cittadini lo trovano lavorando o facendo prestiti). Essi, ribadisco, se lo inventano di sana pianta e spendono PER PRIMI con denaro proprio. La cittadinanza, le aziende ecc. non possono in nessun modo ottenere quel denaro di Stato se prima il governo non l'ha emesso spendendo. Anche nel caso della vendita da parte del governo a moneta sovrana di titoli di Stato a banche o privati le cose non cambiano; chiedetevi: da dove proviene il denaro con cui banche o privati acquistano quei titoli? Risposta: sempre dal governo che spese per primo, sono cioè soldi del governo che tornano al governo, nessuno glieli presta.

Quanto appena detto sarà cruciale più avanti per capire il perché della crisi dell'Euro e molto altro ancora.

E un chiarimento: avete appena letto che la BC (in USA la FED), è coinvolta nel processo di spesa del governo con moneta sovrana, e che si "inventa denaro-aria fritta" lungo la via. È bene chiarire un po' di più il ruolo della BC nella spesa dello Stato a moneta sovrana. Prima di tutto ribadisco che i titoli di Stato che finiscono nelle mani della BC sono solo quelli che le banche private vogliono vendergli per aumentare le proprie riserve, ma questo non accade a man bassa, poiché le banche preferiscono sempre tenersi i titoli di Stato che gli fruttano interessi piuttosto che venderli alla BC e perdere quegli interessi. Inoltre, ciò che è accaduto nel mondo della finanza negli ultimi 10 anni dimostra che va sfatata la leggenda secondo cui tutti questi titoli di Stato finirebbero nelle mani di banche e BC, infatti le banche avevano preferito di gran lunga 'giocare' con strumenti finanziari assai più esotici e rischiosi (si sono visti i risultati), e avevano accantonato spesso i titoli di Stato, per cui a loro volta le BC ne ricevevano molti di meno.

Ma torniamo alla spesa dello Stato: la BC ha il compito di accreditare le riserve delle banche private quando vi è depositato il denaro speso dal governo (ad es. il denaro che il venditore della nave ha ricevuto e ha versato sul suo c/c). La BC, proprio in virtù del fatto che in questo caso può inventarsi il denaro, ha facoltà di accreditare tutte le riserve bancarie che vuole, e questo di conseguenza permette al governo di spendere quanto vuole, creando ricchezza fra i cittadini e aziende. Cosa significa "creando ricchezza fra i cittadini"? Ricordate che in precedenza avevo sostenuto che la spesa a debito dello Stato a moneta sovrana NON è il debito dei cittadini, bensì la loro ricchezza? Eccovi i dettagli.

Il governo a moneta sovrana è l'unica entità esistente che può creare ricchezza al netto nella società o sottrarla. La crea quando spende appunto, e la sottrae quando tassa. Consideriamo la prima opzione. Va compreso che nelle relazioni economiche private – cioè dove non c'entra il governo non viene mai creata ricchezza al netto, perché per ogni bene finanziario (cioè non case o bistecche, ma denaro) che appare da qualche parte vi sarà sempre un corrispondente debito: un c/c bancario nuovo sarà infatti il bene del titolare ma contemporaneamente il debito della banca che lo detiene (che deve quei soldi al titolare), e sarà denaro che qualcuno ha ricevuto da un altro che se ne è privato; l'eredità della zia è un bene per chi la riceve ma è un debito della zia che gliela trasmette; i profitti di qualsiasi azienda sono il bene dell'azienda ma sono l'esborso di chi ha comprato quei prodotti/servizi. Persino il denaro aria fritta che le banche s'inventano quando fanno prestiti non è al netto, poiché vi corrisponde sempre l'indebitamento di chi ha contratto quel prestito, ecc. Al contrario, un bene finanziario al netto, che cioè non trovi nessun corrispondente indebitamento in alcuna parte nella società, viene creato SOLO dalla spesa del governo a moneta sovrana. Perché? Perché solo il governo a moneta sovrana può inventarsi il denaro con la collaborazione della BC (che come detto sopra accredita le riserve della banche – e si badi: anche le banche inventano il denaro, ma non al netto). Ricordate il governo che compra la nave? Se usa i titoli di Stato, essi finiranno nelle banche o nelle BC e poi nelle mani dei cittadini come bene finanziario al netto (i soldi degli acquirenti passano da un c/c, a un 'libretto di risparmio' che frutta di più); se il governo direttamente accredita il c/c del venditore della nave senza uso di titoli di Stato, quel denaro sarà un bene finanziario al netto nelle mani di quel venditore. Ripeto: sono beni cui non corrisponde alcun indebitamento in alcuno. E di conseguenza se il governo in questione spende acquistando più di quanto incassa, cioè se versa più denaro al netto fra i cittadini di quanto gliene tolga con le tasse (se spende a deficit), questo arricchisce la società. Cosa avete appena letto? Avete letto proprio che il governo a moneta sovrana che spende a deficit, cioè che spende a debito, crea ricchezza nella comunità (più avanti chiameremo questo tipo di spesa statale Spesa a Deficit Positiva). Ecco dimostrato che il debito cosiddetto pubblico non è affatto il debito dei cittadini, anzi, il contrario. Si può infatti affermare che esso è ciò che noi cittadini intaschiamo, non ciò che noi cittadini dobbiamo a qualcuno. Tenete questo a mente, più avanti vi spiegherà moltissime cose.

Inoltre, la conseguenza logica della sopraccitata equazione secondo cui PIÙ IL GOVERNO A MONETA SOVRANA SPENDE A DEFICIT, PIÙ ARRICCHISCE I CITTADINI sarà che se il governo decide di eliminare o pareggiare il deficit (o il debito), esso cesserà automaticamente l'arricchimento dei cittadini. Questo concetto è di importanza centrale per comprendere l'economia moderna.

È importantissimo capire che il governo di cui sopra NON ha limiti in questo tipo di spesa a deficit con cui arricchisce la società. Si vedrà meglio più avanti, ma lo ripeto qui, che innanzi tutto il debito dello Stato a moneta sovrana non deve mai essere ripagato se non in minima parte, e anche in quella minima parte lo Stato non spenderà nulla per farlo; poi, ancora più importante, che la spesa a deficit dello Stato conterrà l'inflazione perché stimolando la ricchezza nazionale stimola anche la produttività (inflazione è troppo denaro in giro e pochi prodotti, nda). L'inflazione è in effetti l'unico limite possibile alla spesa a deficit del governo a moneta sovrana, e vi aggiungo due parole ancora per tranquillizzare. Essa va tenuta d'occhio di sicuro, ma i limiti odierni imposti agli Stati sono assurdi, e causa di sofferenze enormi per la popolazione. Codesti limiti furono imposti con la precisa intenzione di bloccare la libera mano dei governi nella gestione della ricchezza pubblica, e questo coi fini criminosi che spiegherò nel capitolo IL PIÙ GRANDE CRIMINE. Di fatto, lo Stato a moneta sovrana che desidera spendere dovrà solo badare che la spesa complessiva nell'economia di casa non superi ciò che essa può produrre quando è a pieno regime. Se però lo supera, lo Stato dovrà o abbassare la spesa o tassare i cittadini. In parole povere, siccome l'inflazione nasce dalla presenza di troppo denaro a fronte di troppi pochi prodotti, se chi li sforna è al massimo della produzione e di più non può, allora è meglio che lo Stato smetta di sfornare soldi, oppure che ne tolga dalla circolazione tassandoci, così da mantenere un giusto equilibrio fra la masse del denaro in giro e i prodotti che circolano.

Ma tranquillizzerà ancora di più sapere che la spesa del governo di cui si è trattato aumentando il PIL del Paese, finisce per aumentare anche le entrate fiscali senza aumentare le tasse (perché un'aliquota del 30% su un PIL di 2 trilioni di euro è una cifra, mentre la stessa aliquota su un PIL di 2,5 trilioni è ben altra, nda), che a loro volta diminuiscono il debito, in un circolo virtuoso.

Come spende uno Stato a moneta non sovrana: la Ue oggi

Prendo ad esempio gli Stati dell'Eurozona come tipico esempio di nazioni prive di monete sovrane. Ho già più volte accennato al fatto che l'euro non è una moneta sovrana e vi ricordo che infatti esso non fa capo ad alcuno Stato che lo possiede. I 17 Paesi dell'Eurozona lo possono solo usare, non creare. Dunque, tutto quanto detto sopra, e soprattutto la parte che riguarda la creazione da parte del governo che spende a deficit di ricchezza fra i cittadini, non si applica più a noi membri dell'Unione Monetarie Europea (di seguito EMU). Aggiungo che vanno considerati come privi di sovranità monetaria anche quegli Stati che hanno agganciato la propria moneta a un'altra a un tasso di cambio fisso (es. una loro moneta viene sempre cambiata per un dollaro USA). Perché? Semplice: quei governi potranno emettere la propria moneta solo nella misura in cui hanno nelle proprie riserve altrettanti dollari. Se ne emettono di più, sono soggetti ad attacchi speculativi che li possono costringere ad abbandonare quel tasso di cambio fisso, e così falliscono (default). Questo ovviamente limita tantissimo la capacità di quei governi di spendere liberamente, come invece possono fare (anche a deficit) i Paesi a moneta sovrana. L'Argentina e la Russia delle drammatiche crisi finanziarie passate erano due casi tipici.

Torno alla UE. Oggi per spendere, Francia, Italia, Grecia, Germania ecc. devono letteralmente andarsi a trovare i denari come deve fare il comune cittadino. Ricordate che avevo scritto poco fa che "i governi a moneta sovrana non spendono come i cittadini, cioè non devono mai, come invece i cittadini, trovare il denaro PRIMA di spenderlo (i cittadini lo trovano lavorando o facendo prestiti). Essi, ribadisco, se lo inventano di sana pianta." ? Bene, i 17 Paesi dell'Eurozona sono incredibilmente costretti a cercarsi i denari per la spesa pubblica in due modi: o tassando i cittadini, oppure chiedendo finanziamenti ai mercati privati dei capitali che detteranno i tassi d'interesse mettendoci in gara gli uni con gli altri, e ciò PRIMA di spendere. A questo punto purtroppo i nostri debiti come nazioni sono divenuti veramente un problema, perché li dobbiamo ripagare ai privati da cui abbiamo preso in prestito gli euro, mentre uno Stato a moneta sovrana è indebitato unicamente con se stesso (e NON deve tassare i cittadini per poter spendere). E soprattutto è evidente che **non potendo più noi emettere moneta a piacimento con cui tranquillamente onorare quei debiti** (si legga il capitolo UN DEBITO CHE È UN PROBLEMA, ECCOME), veniamo considerati a rischio di insolvenza dai grandi mercati di capitali, che perdono la fiducia in noi, ci declassano e ci spediscono dritti in un tunnel soffocante da cui noi nazioni dell'euro non usciremo più. Ecco le reali ragioni della corrente crisi europea, che non riguarda solo Grecia e Italia o Portogallo e Spagna, ma assolutamente tutti, Francia e Germania inclusi. Anche questa infelice condizione, che porta dritta alla distruzione del bene pubblico pur di racimolare denari per pagare i nostri debiti, fu pianificata a tavolino con l'intenzione di distruggerci come Stati e come democrazie. Ma questo più avanti ne IL PIÙ GRANDE CRIMINE.

Le banche centrali

La BC sono uno strumento molto strano nel funzionamento economico degli Stati. Esse devono essere sempre in parte 'controllori' e in parte 'collaboratrici' nella gestione monetaria degli Stati. Le funzioni ufficiali della Banca D'Italia, che ci riguarda da vicino, sono elencate nel suo sito, sono anche specificate dalla Costituzione e non è necessario che le ricopi. Poi è vero che vi sono apparentemente delle anomalie statutarie nell'esistenza delle BC di alcuni Paesi, Italia inclusa, ma esse non rivestono l'importanza che i alcuni gli attribuiscono e lo spiego in breve più avanti. Le vere storture delle BC non riguardano ciò che tecnicamente fanno, ma come lo fanno e a favore di chi, ovvero l'assenza di un effettivo potere di controllo democratico da parte dei cittadini attraverso i governi. L'esempio della FED americana è plateale. Ancora oggi, dopo lo scandaloso salvataggio a suon di trilioni di dollari delle banche truffatrici, la FED si rifiuta di rivelare persino al Congresso USA a chi ha dato che cosa. Ma questo non ci riguarda ora.

Come si è visto nel capitolo precedente, nei sistemi moderni lo Stato a moneta sovrana (come USA, GB, Svezia, ecc.) spende usando sempre in qualche modo la BC, che è deputata alla produzione fisica del denaro sia cartaceo che elettronico; cioè essa 'monetizza' la spesa dello Stato. Ma attenzione: le BC maneggiano il denaro solo DOPO che lo Stato lo ha emesso/inventato attraverso la sua spesa (emissione di titoli di Stato o accreditando dei c/c dei cittadini). Cioè, le BC è come se vestissero il denaro emesso dallo Stato con un abito formale che può essere di carta, o elettronico. Tutto qui.

Dunque le BC non sono le proprietarie delle monete sovrane. Né lo sono dell'euro, che come si è detto è letteralmente di nessuno, anche se tecnicamente emesso su ordine della Banca Centrale Europea (di seguito BCE)[4].

Sempre nel capitolo precedente è stato spiegato come la BC interviene nella gestione delle riserve bancarie prima di tutto quando lo Stato spende, ma anche in altre istanze. Ora approfondiamo un poco cosa siano esattamente queste riserve.

La maggioranza delle grandi banche ha riserve tenute in c/c presso la BC del Paese di appartenenza. Queste riserve hanno alcune funzioni: primo, ogni Stato obbliga per legge le banche a tenere delle riserve di denaro come contropartita di tutto ciò che prestano (dal 2% al 6% in media); secondo quando le banche devono pareggiare i conti fra di loro, lo fanno attingendo alle proprie riserve presso la BC (se banca A stacca un assegno a banca B, pagherà con le sue riserve); terzo, servono come salvadanai dove le banche attingono per farsi dare dalla BC il contante richiesto dai cittadini (si veda sopra COS'È IL CONTANTE); quarto, permettono alle banche di far business con gli Stati. Infatti le riserve bancarie aumentano solo se: il governo spende e accredita i c/c dei privati (più di quanto li tassi); se le banche vendono i titoli di Stato alla BC in cambio di moneta; se i clienti portano contanti alle banche; se la BC presta riserve alle banche (quando quelle riserve sono calate troppo). E diminuiscono solo se: le banche devono pareggiare i conti fra di loro; se comprano i titoli di Stato; se i correntisti pagano tasse allo Stato; e se essi ritirano contante. Da ciò si

---

4   *La BCE è parte di un sistema europeo di BC assai decentralizzato. Infatti la BCE non può emettere l'euro, né può comprare il debito degli Stati favorendone la spesa. Il potere reale è detenuto dal Consiglio Direttivo, cioè i 17 governatori delle Banche centrali nazionali dell'Eurozona più i sei membri del Comitato esecutivo. Sono loro che decidono quanti euro creare e a con che costo del denaro. La decisione di non comprare debito pubblico è demandata alle singole BC. Abbiamo detto che la BC è deputata alla produzione fisica del denaro sia cartaceo che elettronico. Il motivo per cui le viene affidato tale compito invece che allo Stato (che può solo stampare le monetine) sta nel fatto che si voleva impedire agli Stati di farsi finanziare la spesa andando a bussare a piacimento presso le BC facendosi produrre denaro cartaceo o elettronico a casaccio. Per cui si decise che dovevano esistere dei percorsi di spesa da parte degli Stati piuttosto complessi e che necessitavano della presenza della BC. Ma questa, si badi bene, fu una scelta politica, non una necessità di bilancio, infatti abbiamo già detto (e spiegherò più avanti) che lo Stato a moneta sovrana potrebbe tranquillamente spendere semplicemente inventandosi il denaro e accreditando c/c dei cittadini senza quasi limiti.*

capisce che gli ordinari pagamenti che avvengono fra i cittadini non scalfiscono le riserve, ma sono solo denaro elettronico-aria fritta che gira fra banche su se stesso.

Le BC, quando stampano moneta di carta a costo irrisorio o se emettono moneta elettronica che viaggia per c/c bancari (cioè moneta-aria fritta), sostengono una vera passività. Lo ribadisco qui: la BC accetta indietro come validi i contanti/moneta elettronica che ha emesso, e accredita il c/c della banca che glieli ha mandati, cioè è tenuta validare quel denaro ogni volta, ed è questo che essa deve ai cittadini, è questa la sua passività. Non ci guadagna alcunché in questo processo, oltre tutto, poiché emette aria fritta e si riprende indietro la stessa aria fritta. Il guadagno della BC sta solo nella sua abilità di comprare col suo denaro dei beni che fruttino interessi (titoli di Stato), non in quel denaro in sé.

Ho altresì già scritto che le BC terranno in mano solo i titoli di Stato che le banche commerciali gli vogliono vendere per rimpolpare le loro riserve; e sottolineo anche che la BC non possono acquistare i titoli di Stato direttamente dai governi (salvo in situazioni di estrema emergenza), ma solo sul mercato secondario, cioè comprano titoli già emessi in precedenza. Certe BC possono acquistare i titoli di Stato direttamente dai cittadini, e in questo modo forniscono di liquidità le banche dove quei cittadini hanno il loro c/c. Ricordo infine che le BC non promettono più di convertire il denaro posseduto dai cittadini in oro o altre monete forti.

Ma è utile dire che i proventi principali delle BC sono in genere gli interessi che guadagnano sui titoli di Stato che acquisiscono in modo indiretto (cioè titoli già in circolazione e non acquistati direttamente dal governo) e gli interessi che gli derivano dai prestiti che fanno alle riserve delle banche commerciali.

Come funziona il denaro
nelle banche commerciali

Toglietevi dalla testa che le banche commerciali siano ricche. Non è vero. Come già accennato in precedenza, se essere banche che prestano, erogano mutui, gestiscono prodotti finanziari di risparmio e tengono c/c fosse così remunerativo, non avremmo avuto la corsa folle di tutte le grandi banche a scommettere con la finanza speculativa internazionale (da cui la crisi attuale). Il motivo per cui lo hanno fatto era proprio che nel business locale non c'erano profitti miliardari, anzi. E poi, come si è visto, quelli che alcuni chiamano "i grassi banchieri padroni del mondo" sono oggi fra gli imprenditori più fallimentari del mondo, e sopravvivono solo grazie ai salvataggi dei governi. I dati non mentono: in Italia i debiti delle banche hanno raggiunto nel 2009 i 718 miliardi di euro, contro i 277 miliardi che è il loro valore complessivo, e si consideri che il nostro sistema bancario è fra i meno indebitati del mondo. L'economista americano Nouriel Roubini ha dichiarato l'anno scorso che "praticamente tutto il sistema bancario USA è già fallito". Nella lista degli uomini più ricchi d'America stilata da Forbes, non compaiono banchieri nelle posizioni top, e il sempre menzionato David Rockefeller Sr. si trova laggiù al 147esimo posto e solo grazie all'attività petrolifera, non certo quella bancaria. Coloro che si sono arricchiti oltre ogni limite non sono i banchieri, sono i loro managers, ma spesso i due gruppi vengono confusi. Insomma, le banche commerciali manovrano denaro senza navigare nell'oro di altri settori (petrolio o finanza speculativa o IT), ed è bene capire meglio come gestiscono il denaro. Per comprenderlo bisogna ritornare con la mente a quel concetto quasi impossibile per noi da recepire, e che ci dice che il denaro commerciale è solo un codice, non un valore in sé. Come tale, esso viene inventato dal nulla per permettere all'economia di funzionare. Il lavoro di una banca è in essenza questo: crea degli attivi sempre bilanciati da passivi -il denaro che la banca presta è l'attivo della banca ma è il passivo del cliente, e i c/c dei clienti sono l'attivo di questi ultimi ma sono i passivi della banca che glieli deve. Si pareggiano sempre e infatti gli unici profitti per la banca sono le differenze nei tassi d'interesse che vengono applicati: cioè, i tassi che la banca offre al tuo c/c saranno sempre inferiori ai tassi che la banca richiede sul denaro che ti presta. Ma il denaro che la banca maneggia sono solo impulsi elettronici senza valore che come detto sempre si pareggiano. Vediamo come funziona in pratica, e replico qui i due esempi citati nel capitolo COS'È LA MONETA:

Voi andate in banca, e chiedete un prestito di 10.000 euro. La banca vi dice ok, e vi apre un c/c con 10.000 euro. Cosa ha fatto la banca? Ha premuto un tasto e ha creato un numero elettronico, 10.000, cioè nulla di valore, solo un numero – la banca si inventa letteralmente quel prestito. Voi a quel punto decidete di prendere quei 10.000 euro e di restituirli il giorno stesso alla banca. La banca cancellerà con un altro tasto il vostro debito. Nulla ha guadagnato, nulla avete perso, nulla è mai esistito, anche se c'erano ben 10.000 euro in un c/c a un certo punto, che a chiunque sembrano una notevole ricchezza.

Era aria fritta, in sé, nulla di materiale e nulla di proprietà della banca, né del cittadino, come invece potrebbe essere una casa o un gioiello che non si annullano scambiandoseli.

Secondo esempio: immaginate le banche come un sistema unico, che in effetti è ciò che le banche sono. Il Sig. A va in banca e ottiene un prestito di 10.000 euro. La banca si inventa dal nulla quella cifra, e apre un c/c per il Sig. A. Il c/c rappresenta il passivo della banca verso A (gli dovrà mettere a disposizione quei soldi). La banca riceve da A una carta con su scritto "devo restituirvi questi soldi", che rappresenta l'attivo che la banca ha in mano in cambio del c/c di A. Situazione: la banca ha dato al Sig. A dei numeri elettronici creati dal nulla = zero valore, e lui le ha dato un pezzo di carta = zero valore. Poi A spende quel denaro per comprare un'auto, che invece è un valore concreto, che lui possiede non la banca. Il concessionario verserà i 10.000 euro del Sig. A creati dal nulla, cioè aria fritta, nella sua banca, ed essa è costretta ad accettare come validi quei soldi aria fritta inventati da un'altra banca. Situazione a livello di banche come sistema unico: c'è una banca, quella del Sig. A che è a credito di 10.000 euro (A glieli deve ridare), e ce n'è un'altra che è debito di 10.000 euro (li deve al concessionario che li ha versati). Esiste quindi a livello di sistema bancario un credito che è annullato da un debito. Pari, nessun profitto per le banche finora, infatti quei 10.000 euro per le banche non sono nulla, solo impulsi elettronici inventati da una banca e accettati come buoni da un'altra banca. A dovrà lavorare per restituire quei soldi, ma non lavorerà per pagare la banca, bensì per pagare la sua auto.

Alla banca, attraverso le rate pagate da A, ritorneranno indietro gli impulsi elettronici aria fritta che si è inventata. Ovviamente, col meccanismo degli interessi si generano altri codici sia per la banca che per i c/c di A e del concessionario, ma questo di nuovo non è sempre una ricchezza reale, sono solo codici astratti che possono o non possono essere un bene al netto (se la banca è in passivo anche gli interessi scompaiono).

Possiamo di certo aprire un dibattito sugli interessi richiesti dalle banche, di certo in talune istanze essi sono scandalosi, e nulla ci impedisce di auspicare legislazioni che ne riducano gli eccessi. Ma da qui a immaginare un mondo retto da grassi emuli di Goldfinger che posseggono la Terra ce ne passa. Nel meccanismo sopra descritto vi è un ulteriore passaggio che ostacola l'arricchimento delle banche che s'inventano denaro dal nulla, ed è il pareggiamento/clearing. Spiego: si era visto che la banca del Sig. A gli aveva dato 10.000 euro di denaro aria fritta, che però A spese dandolo a un concessionario, e questi l'aveva versato nella sua banca. Ora, le banche sono tutte collegate e lavorano come sistema unico, sono cioè come banchetti di un mercato circolare tutti collegati gli uni agli altri. Cosa era accaduto? Un assegno della banca del Sig. A, o un suo bonifico, erano finiti nella banca del concessionario. Quest'ultima allora essa busserà alle porte della banca del Sig. A e dirà: dammi il denaro, pareggiamo. La banca di A dovrà quindi attingere dalle sue riserve presso la BC e dare moneta di Stato alla collega, poiché le riserve sono sempre obbligatoriamente moneta di Stato e il pareggiamento/clearing fra banche deve sempre avvenire tramite essa. Ma per una banca questo attingere alle sue riserve è un passivo. Per cui alla fine le banche devono realmente onorare il denaro aria fritta che s'inventano, sia riconoscendolo come buono quando lo ricevono da una consorella, sia facendo poi il clearing quando necessario.

Un altro mito assai comune riguardo al funzionamento delle banche è che esse usino il denaro dei cittadini per lucrare con altri cittadini, quelli che vanno a prestito o che chiedono mutui. Non accade, non può accadere. Va compreso che la maggioranza dei depositi bancari da parte dei cittadini comportano spostamenti di quote delle riserve delle banche da una banca all'altra, come appena spiegato sopra; ma le riserve delle banche, detenute presso le BC, non possono mai essere usate come prestiti a ordinari cittadini, e possono solo essere prestate ad altre banche. Quindi non è col denaro depositato da noi che le banche 'lucrano', ma come già detto con denaro inventato dal nulla su richiesta dei clienti. Infine, togliamoci dalla testa che noi cittadini portiamo in banca il nostro denaro, come fosse qualcosa di nuovo che ci è cresciuto nell'orto e che noi depositiamo nelle banche. In realtà quasi tutto il denaro che normalmente movimentiamo (stipendi, rendite, vendite…) non è altro che denaro già esistente all'interno del sistema bancario e che semplicemente si sposta da un conto all'altro; quindi a livello bancario aggregato le banche non ricevono nulla di nuovo, non si arricchiscono con i nostri depositi; e poi quel denaro non è 'nostro', sono codici creati dalle banche che ci passano per le mani e che ci servono a svolgere le funzioni economiche ordinarie.

Sempre nella mitologia del lucro bancario, vi è la convinzione che le banche prima ci strangolino coi mutui, e poi se questi non vengono onorati arrivino ad impossessarsi di beni immobili a costi bassissimi. Cioè, vien detto, le banche da una parte lucrano sugli interessi del mutuo, e nel caso in cui il poveretto non ce la faccia più a ripagarlo, si impossessano della casa a fronte di denaro prestato che si inventarono dal nulla. I complottisti sostengono che in questo modo le banche stanno acquisendo beni immobili a man bassa. Non è così, anzi. Prima di tutto abbiamo visto che il denaro inventato dalle banche finisce poi per essere una reale passività per esse, inoltre possiamo discutere del regime dei tassi d'interesse, forse sono troppo alti, non sempre (come nel periodo attuale), ma che vi sia un ulteriore lucro delle banche nel caso in cui si impossessino delle nostre case è del tutto falso. Prima di tutto esse per riscattare una casa di un proprietario moroso dovranno sostenere spese legali notevoli, poi spese amministrative, poi pagare le tasse, poi pagare la manutenzione o la ristrutturazione se è stata danneggiata, poi perder tempo e denaro a gestire il condominio, poi sostenere i costi per rivenderla… infine il valore ne soffre molto; insomma, per le banche avere a mano immobili così ottenuti sono solo spese e rogne. Dovete comprendere che le banche fanno denaro, se lo fanno, con la finanza speculativa, non gestendo mattoni e condomini, non gli interessa. Fra l'altro ogni cifra in perdita che una banca deve soffrire nell'impossessarsi di un immobile moroso, va a incidere sul valore al netto di quella banca, col rischio di grossi guai. Non per nulla, pensateci, le banche prima di dare mutui ci passano alla graticola per essere certe che potremo ripagarli. Se ci fosse questo facile lucro a impossessarsi degli immobili morosi, le banche darebbero mutui a cani e gatti tutto il giorno[5].

---

5   *Questo è accaduto negli USA con la storia dei mutui sub-prime, ma in quel caso il piano delle banche non era di ingozzarsi di case, ma di speculare sulla bolla immobiliare e sul re-impacchettamento di quei mutui da vendere come prodotti finanziari a milioni di gonzi in tutto il mondo.*

Ultimo appunto per chiarezza, cui ho già accennato in precedenza. Le banche commerciali acquistano titoli di Stato solo se devono investire le loro riserve in qualcosa che gli renda un interesse discreto, altrimenti le riserve se ne starebbero lì a render nulla. Ma in tempi recenti ne hanno acquistati veramente pochi, poiché preferivano investire in quei famigerati prodotti finanziari fantasiosi che hanno poi causato la crisi 2008-2010.

Ovviamente questi chiarimenti su come funziona il denaro nelle banche commerciali non le assolve da critiche sui loro mille comportamenti truffaldini. Ci serve solo a capire che cosa sia il denaro veramente e come viene usato, senza fantasticare di mondi inesistenti.

Un debito che non è un problema, anzi

La cosa migliore che uno Stato a moneta sovrana può fare per i propri cittadini è di spendere a deficit, cioè creare debito pubblico. Abbiamo già visto, e qui ne riparliamo, come la spesa a deficit produca ricchezza fra i cittadini, e come non sia affatto vero che il debito dello Stato a moneta sovrana sia anche il debito dei cittadini: questa è una menzogna. Nel capitolo IL PIÙ GRANDE CRIMINE dimostrerò che la sopraccitata menzogna fu creata ad arte dalle élites finanziarie per distruggere gli Stati, con essi noi persone e le democrazie partecipative. Ma ora parliamo di questo debito.

Innanzi tutto cosa significa. Uno Stato può avere diversi debiti, a seconda del settore economico che si prende in analisi. Ma i principali sono il Debito Pubblico, il Deficit di bilancio e il Debito Estero. Il Deficit è la differenza fra la spesa dello Stato e i suoi incassi: se alla fine dell'anno esso ha incassato meno di quanto abbia speso, allora si dice che c'è un deficit. Il cumulo dei deficit dei trascorsi 70 o100 anni (o più a seconda dei Paesi) forma il Debito Pubblico. Il Debito Estero è la parte del Debito Pubblico che uno Stato deve a Paesi stranieri per svariati motivi, cioè scambi commerciali, prestiti ecc. Non si confondano questi debiti statali con l'indebitamento privato di aziende e cittadini all'interno del Paese o con l'estero.

Il debito di uno Stato a moneta sovrana – com'era l'Italia fino al 2002 – non è mai un vero debito, ovvero non lo è come invece lo sarebbe per chiunque di noi nel caso dovessimo restituire denaro ad altri. Questo per alcuni motivi, di cui affronto subito il più tecnico. Cosa accade quando uno Stato a moneta sovrana spende a debito? Esso può accreditare direttamente i c/c di coloro che gli vendono beni o servizi, e questo fa sì che le riserve delle banche che detengono quei c/c aumentino di pari valore. Le banche cosa faranno con quei nuovi soldi? Non li lasciano lì a far nulla, compreranno anche titoli di Stato che fruttano interessi. Ma se comprano titoli di Stato che accade? Accade che i soldi dello Stato rientrano dritti nelle casse dello Stato. E cosa accade se lo Stato deve poi onorare quei titoli? Accade che gli stessi soldi ritornano alle banche e lo Stato si riprende indietro i suoi Titoli. Rimangono fuori gli interessi pagati nel frattempo, ma anche questi sono solamente soldi che escono dallo Stato a costo zero, per poi rientrare in altro modo se necessario, ad es. con le tasse.

Se invece lo Stato spende emettendo da subito titoli di Stato, nulla cambia: il denaro originariamente emesso dallo Stato torna dalle banche allo Stato e le banche si prendono i titoli; quando lo Stato onora i titoli, il denaro torna alle banche e i titoli tornano allo Stato. Ricordatevi che lo Stato a moneta sovrana spende e onora titoli semplicemente inventandosi il denaro dal nulla, preme pulsanti su computer, e NON ha bisogno di cercare denaro da chicchessia. Infatti il motivo per cui esso emette titoli di Stato NON È MAI per poter spendere, bensì per arricchire i cittadini e aumentare la produttività, come già spiegato in precedenza.

Sappiamo infatti cosa accade quando un cittadino o una banca acquistano un titolo di Stato a moneta sovrana: semplicemente che il loro denaro passa da un c/c (del cittadino) o da una riserva (della banca) che fruttano praticamente zero, a una sorta di 'libretto di risparmio' (il titolo) che gli frutta assai di più. Dovete capire che l'emissione di titoli di debito dello Stato a moneta sovrana – com'era l'Italia fino al 2002 – è un'operazione volontaria del Tesoro, NON una manovra imposta da necessità.

Ma l'apporto di ricchezza che lo Stato a moneta sovrana contribuisce alla comunità va oltre a tutto questo, ed è necessario che qui mi ripeta per chiarezza. Infatti se la spesa a deficit dello Stato è ben diretta, essa produrrà una crescita economica nella collettività (diventerà più ricca e spenderà di più); questa crescita alzerà il Prodotto Interno Lordo (PIL), che a sua volta aumenterà le entrate fiscali senza aumentare le tasse, poiché è ovvio che un'aliquota dell'x% su un PIL di 2 trilioni di euro è una cifra, mentre su un PIL di 2,5 trilioni è ben altra cifra. Questo fin da subito arginerà automaticamente il deficit in un circolo virtuoso. Ancora più importante, l'indebitamento a deficit dello Stato conterrà anche l'inflazione perché stimolando la ricchezza nazionale stimola anche la produttività (inflazione è troppo denaro in giro e pochi prodotti, nda – altri dettagli sul pericolo inflazione nel capitolo COME SPENDONO GLI STATI A MONETA SOVRANA).

Il secondo motivo per cui il debito dello Stato a moneta sovrana – com'era l'Italia fino al 2002 non è mai un vero debito, sta nel fatto che esso non è mai ripagato in realtà. Nessun governo che sia sano di mente lo fa, perché quando è stato fatto ci si è accorti che i danni erano di gran lunga superiori ai vantaggi. Chiederete: ma com'è possibile ciò? Come fa lo Stato che ha i titoli in scadenza (qualcuno reclama i soldi) e non pagare mai? Semplice. Chiediamoci cosa significa onorare un titolo di Stato. Significa che il possessore si prende gli interessi e alla scadenza anche i soldi che ha investito in quel titolo. Oppure significa che decide di rinnovare il titolo per altri 10 anni. In quest'ultimo caso, il governo semplicemente scriverà su un pezzo di carta da nulla 'Titolo di Stato per 10 anni', e lo darà al cittadino. Nulla ha speso, il debito rimane. A livello cosiddetto aggregato, il debito dello Stato viene sempre rinnovato in questo modo, infatti il debito statale non si riduce mai, lo Stato non lo ripaga mai. Ma supponiamo che il cittadino invece voglia proprio incassare i suoi soldi. Lo Stato allora semplicemente scriverà su un altro pezzo di carta da nulla 'Titolo di Stato per 10 anni', troverà un altro acquirente, da esso prenderà il denaro e pagherà l'altro cittadino all'incasso. E così via ogni volta che qualcuno vuole incassare. Come si vede il debito non si ripaga veramente mai. Riassumendo, lo Stato in un caso lo rinnova scrivendo pezzi di carta da nulla, nell'altro caso semplicemente passa il denaro di un tizio/ente a un altro tizio. Nessuno deve pagare alcunché, meno che meno il cittadino per il quale si tratta, ripeto, di vedere i propri soldi transitare da un c/c a un 'libretto di risparmio' (il titolo di St.) che frutta, oppure ritornare nel proprio c/c dopo aver incassato degli interessi. E gli interessi non pesano alle casse dello Stato? No, neppure quelli. Lo Stato a moneta sovrana li onora pigiando i soliti tasti che inventano denaro dal nulla, creando un po' più di debito che tuttavia crea ricchezza nei cittadini, la quale ricchezza aumenta il PIL, che aumenta le entrate, che riducono il deficit ecc. ecc. in un circolo virtuoso. Quando poi i titoli di Stato finiscono alle BC, esse certamente ne trarranno un certo profitto, ma sono tenute per legge a restituirne un'alta percentuale al Tesoro ogni anno.

Un breve accenno a cosa accade quando, al contrario, uno Stato si mette in testa malauguratamente di ridurre il debito o addirittura di eliminarlo[6].

6　*Il risanamento del debito pubblico è un mantra ossessivamente ripetuto dai media che deriva, ripeto, da un piano ordito a tavolino per distruggere gli Stati e i cittadini a vantaggio delle élites del capitale internazionale, come proverò con fatti e nomi nel capitolo IL PIÙ GRANDE CRIMINE.*

Accade ciò che fu visto negli USA del presidente Clinton, che tentò di pareggiare i conti pubblici. L'America di quegli anni riuscì a fermare l'espansione del debito pubblico, ma il risparmio dei cittadini crollò secondo la sopraccitata equazione per cui più c'è debito di Stato e più c'è risparmio dei cittadini, dando origine a una crisi di indebitamento privato senza precedenti e che porterà poi al collasso dei mutui e delle carte di credito americani pochi anni dopo. Detta semplicemente, se un governo a moneta sovrana vuole bilanciare i conti o addirittura azzerare il debito, dovrà tassare i cittadini più di quanto li arricchisce spendendo; cioè dovrà sottrarre dai c/c dei cittadini più di quanto vi immette spendendo. Mai una buona idea.

Veniamo all'indebitamento esterno di uno Stato a moneta sovrana. Abbiamo detto che il Debito Estero è la parte del Debito Pubblico che uno Stato deve a Paesi stranieri per svariati motivi, cioè scambi commerciali, prestiti ecc. A patto che il debito estero sia denominato nella moneta sovrana (in dollari per gli USA, in lire per l'ex Italia, in sterline per la Gran Bretagna ecc.), non esiste problema neppure qui. Lo Stato lo ripagherà come al solito pigiando un bottone e creando moneta. È ciò che accade fra Stati Uniti e Cina, per esempio. La Cina compra molti titoli di Stato USA perché preferisce investire le sue riserve in dollari che tiene presso la FED in quei famosi 'libretti di risparmio' che fruttano interessi, piuttosto che averle stagnanti sempre alla FED. Il governo di Washington onora interessi e titoli di quel debito estero pigiando bottoni al Tesoro. Tutto qui.

Purtroppo però accade che per molti Paesi il debito estero sarà denominato non nella loro moneta sovrana. Ad esempio la Tanzania avrà debiti esterni in dollari, di sicuro. Questo è un grave problema, poiché assoggetta quei Paesi al ricatto degli istituti finanziari occidentali, come il Fondo Monetario Internazionale (che è in pratica una costola del Tesoro USA), portatore di devastazioni indicibili che meritano approfondimenti seri. In questi casi, una nazione indebitata in moneta straniera ha sempre l'opzione di emergenza: dichiararsi insolvente e proporre ai creditori di riconvertire il proprio debito da dollari alla moneta locale. In tal modo potrà poi pigiare i soliti tasti e inventarsi il denaro necessario a ripagare il debito. Vero è che i creditori faranno di tutto per impedirglielo, e generalmente ci riescono con l'arma delle minacce diplomatiche e dello spettro della svalutazione, ma si tratta di bluff in cui i governi debitori cascano. Perché è solo un bluff? Ve lo spiego con detto molto popolare a Wall Street: "*Se tu devi 100.000 dollari a qualcuno, costui ti possiede. Se devi un miliardo di dollari a qualcuno, sei tu che possiedi lui*". Capito?

Gli increduli che sono arrivati fin qui storcendo il naso nonostante le spiegazioni, osservino cosa accadde mezzo secolo fa negli USA e cosa è accaduto più di recente in Giappone. Durante e dopo la seconda guerra mondiale, i presidenti americani Roosevelt e Truman fecero esattamente quanto ho descritto qui sopra, cioè usarono il debito e il deficit per creare una ricchezza senza precedenti fra gli americani (beni finanziari al netto) e di conseguenza nel resto del mondo. L'America ha moneta sovrana. Fu il periodo più prospero che le economie moderne ricordino, e Washington viaggiava con un deficit di bilancio del... 25% del PIL (sic). Pensate che oggi la Grecia è svergognata per un 'misero' 13%. Il Giappone negli anni '90 era messo male, in piena deflazione (pochi soldi in giro e troppi prodotti invenduti), interessi sul debito al rialzo, e stagnazione. Ha il Giappone mai mancato un pagamento dei suoi debiti? No. Neppure quando le agenzie di rating l'avevano declassato. Perché non ha fatto bancarotta? Perché ha moneta sovrana e i mercati sanno che può pagare sempre senza limiti di spesa pigiando i fatidici bottoni al Tesoro che inventano Yen. Oggi il Giappone ha un debito pubblico che è del... 200% del Pil, non sto scherzando, cioè il doppio di Grecia e Italia, ma nonostante questo nessuno sta strillando "oddio!" e nessuno sta strangolando Tokyo con tassi d'interesse alti sui prestiti, come invece oggi fanno con la Grecia che se vuole denaro deve pagare interessi folli.

Un debito che è un problema, eccome

Fin qui, ho spiegato cosa sia il debito pubblico per uno Stato a moneta sovrana. Ma noi della Zona Euro? Noi 17 Paesi dell'eurozona non abbiamo moneta sovrana, come ho già scritto, e allora? Allora noi siamo nei guai fino al collo. Preciso che questi guai sono poi drammi finanziari per le vite di milioni di europei, per i loro figli, e di conseguenza per i relativi governi. Questi drammi, come spiegherò nel capitolo IL PIÙ GRANDE CRIMINE, furono pianificati a tavolino col proposito di distruggerci come Stati. Ma ora torniamo a noi.

I 17 Paesi dell'eurozona non possono più inventarsi la moneta come usavano fare prima con la lira, il marco, i franchi ecc. Abbiamo già detto che oggi per ogni centesimo che spendono devono andarselo a cercare dai privati (i mercati dei capitali), esattamente come il signor Bianchi che deve comprarsi l'auto nuova. Chi sono questi mercati dei capitali privati? Sono istituti finanziari, fondi pensione, assicurazioni, banche, fondi sovrani stranieri, governi stranieri, persino individui, i quali però decideranno i tassi d'interesse a loro vantaggio strangolandoci. Questo prima di tutto distrugge totalmente la virtuosa equazione della spesa dello Stato come ricchezza dei cittadini, essendo un deterrente fortissimo alla capacità dello Stato di spendere a deficit. Perché ricordate che si è detto che solo un bene finanziario al netto emesso dallo Stato che spende a deficit, cui cioè non corrisponde alcuna passività in alcun luogo della società, figura come arricchimento dei cittadini (si rilegga la spiegazione di bene finanziario al netto nel capitolo COME SPENDONO GLI STATI A MONETA SOVRANA). È ovvio che se oggi noi Stati dell'eurozona spendiamo sempre creando un corrispondente creditore nella società (i privati che ci prestano i soldi), nulla di netto finisce nelle tasche dei cittadini. In secondo luogo, se il Tesoro o la BC nazionale non possono più inventarsi il denaro, e se appunto lo devono prendere in prestito dai privati, allora il debito nazionale diventa veramente un debito, e va ripagato veramente coi soldi dei cittadini, con le tasse, coi tagli allo Stato sociale ecc. Capite il dramma? Se volete i dettagli tecnici, eccoli:

Primo, diversamente da una BC di uno Stato a moneta sovrana, la Banca Centrale Europea (BCE) non può 'monetizzare' la spesa degli Stati dell'eurozona (lo proibiscono i Trattati di Maastricht e di Lisbona), che devono appunto rivolgersi ai mercati di capitali privati. Neppure le singole BC nazionali (come la Banca d'Italia) possono 'monetizzarÈ adeguatamente la spesa degli Stati, non possono, in parole povere, creare denaro mentre gli Stati spendono per primi tutte le volte che sarebbe auspicabile. Infatti, se ricordate gli esempi citati nei capitoli precedenti, quando uno Stato a moneta sovrana spende, accredita c/c di cittadini privati, cioè mette denaro nelle riserve delle banche commerciali che detengono quei c/c. Ed è la BC che fornisce il denaro in quei casi, ogni volta che lo Stato desidera. Ma, ad esempio, la Banca d'Italia oggi non può più versare denaro nelle riserve delle banche italiane ogni volta che il governo lo richiede, cioè non può farlo illimitatamente come accade negli USA o in Giappone o in GB. Ha dei forti limiti, che stanno nel fatto che essa non sta in cima alla piramide della creazione del denaro in Italia; sopra di lei c'è la BCE, alle cui porte anche la Banca d'Italia deve bussare per avere riserve in euro, e quelle riserve possono esaurirsi.

Secondo, come già detto, oggi i 17 Stati dell'eurozona devono pagare gli interessi sul loro debito a dei privati, e non potendo più pigiare i fatidici bottoni al Tesoro e inventarsi il denaro necessario, dovranno anche tassare i cittadini. Questo significa che i creditori di fatto influenzano la politica fiscale di tutti i 17, e credo che vi rendiate conto di quale drammatica perdita di sovranità questo comporti. Inoltre, è notorio quanto volubili siano le entrate da prelievo fiscale, che non offrono garanzie di costanza e affidabilità tali da poter onorare debiti importanti.

I mercati finanziari sanno tutto questo e infatti hanno perduto ogni fiducia nel fatto che i 17 Paesi dell'euro possano sempre saldare i debiti nei tempi stabiliti. Di nuovo: hanno compreso che noi dell'eurozona non saldiamo il nostro dovuto con moneta propria, ma con moneta presa in prestito da altri, e se uno deve sempre contare su altri per pagare diviene inaffidabile. Ecco perché le agenzie di rating ci stanno declassando. E questo cosa significa? Significa che dicono ai mercati dei capitali che noi siamo debitori a rischio di bancarotta, per cui di conseguenza quei mercati che ci prestano i soldi ci chiederanno tassi d'interesse altissimi, o addirittura ci porranno come condizione il cosiddetto risanamento dei conti. Risanamento dei conti = la corsa degli Stati a tagliare tutto ciò che è assistenza pubblica, settore pubblico e previdenza sociale, con conseguenze catastrofiche per tutti noi, ma... anche e soprattutto col vantaggio per i medesimi capitalisti di poter poi comprare a prezzi stracciati ogni sorta di impresa pubblica, servizio pubblico, bene pubblico. Avete compreso bene: la privatizzazione selvaggia.

L'attuale crisi dell'euro è tutta qui, sta in ciò che avete appena letto, con alcuni addentellati che vale la pena conoscere per capire il cinismo di coloro che hanno manovrato per farci arrivare a codesto sfacelo, fonte di lucro immenso per i grandi capitali e di cui parlerò diffusamente nel capitolo IL PIÙ GRANDE CRIMINE. Prendiamo la povera Grecia. Cosa ci hanno raccontato di essa? Che è un Paese spendaccione, dove la mano statale dei clientelismi e delle prebende pubbliche è fuori controllo, e che ha talmente esagerato nella previdenza da trovarsi in bancarotta. I quotidiani e telegiornali hanno martellato questo mantra incessantemente, siamo tutti convinti che quell'esempio sia vergognoso, e gli Stati più sciuponi come Italia, Portogallo, Irlanda e Spagna (assieme a Grecia soprannominati PIIGS, e in inglese PIG è maiale...) sudano oggi ghiaccio per il timore di finire come Atene. Ma Atene era veramente questa pecora nera? No, per nulla. Uno studio degli economisti americani Dimitri B. Papadimitriou, L. Randall Wray e Yeva Nersisyan, pubblicato dal Levy Economics Institute of Bard College, ha dimostrato che: il debito greco è dovuto in maggioranza alla recessione economica mondiale, cioè calo PIL, calo tasse, e aumento conseguente di aiuti statali ai lavoratori in difficoltà di cui la Grecia non ha colpa- non è vero che il reddito pro capite greco è alto, ed è invece uno dei più bassi d'Europa – lo Stato Sociale greco spende pro capite in media 3.530 euro contro i 6.251 della media europea – i costi amministrativi greci sono inferiori a quelli tedeschi o francesi – la spesa dello Stato fino al 2005 era sotto la media OECD – la spesa pensionistica era in linea con quella tedesca e francese, nonostante si favoleggi di pensioni baby elargite come caramelle. Dunque? La realtà è che in Europa esiste una potenza economica, la Germania, che ha tutto l'interesse a scardinare gli altri Stati per crearvi poi sacche di povertà e di conseguenza manodopera a basso costo (i dettagli in IL PIÙ GRANDE CRIMINE). Ecco perché Berlino strilla contro la Grecia 'spendacciona' soffiando sul fuoco del suo debito/deficit. Ma in ciò la Germania è anche disgustosamente ipocrita, perché il motivo per cui essa oggi gode di un'eccedenza di conti correnti (è in attivo) sta proprio nel fatto che vi sono Paesi in Europa che le comprano le merci a tutto spiano spendendo troppo, fra cui la Grecia.

Questi sono solo alcuni accenni al disastro (creato di proposito) dell'invenzione dell'euro e conseguente riduzione in sostanziale schiavitù da debito e da mercati di capitali di 17 nazioni europee. Lo studio di Dimitri B. Papadimitriou, L. Randall Wray e Yeva Nersisyan si chiude come queste parole: "*Nonostante gli sforzi disperati del governatore della BCE Jean-Claude Trichet per mantenere lo show a luci accese, la disintegrazione dell'euro è solo una questione di tempo. Non dobbiamo consolarci per nulla con il salvataggio della Grecia, poiché la tragedia generata dalla crisi attuale è solo all'inizio, e segnerà la morte non solo di una moneta, ma di una visione unitaria dell'Europa*".

In chiusura di questa parte, una precisazione che serve a chiarire un malinteso comune. Si è detto che uno Stato a moneta sovrana non ha limiti di spesa e non sarà mai strangolato dei mercati dei capitali privati. Alcuni a questo punto obiettano che "anche l'Argentina e la Russia avevano moneta sovrana, eppure sono fallite entrambe. Perché?", e pensano così di aver smontato il costrutto enunciato finora. No, non smontano nulla e la spiegazione sta in un passaggio già scritto in precedenza che ricopio: "*Vanno considerati come privi di sovranità monetaria anche quegli Stati che hanno agganciato la propria moneta a un'altra a un tasso di cambio fisso (es. una loro moneta viene sempre cambiata per un dollaro USA). Perché? Semplice: quei governi potranno emettere la propria moneta solo nella misura in cui hanno nelle proprie riserve altrettanti dollari. Se ne emettono di più, sono soggetti ad attacchi speculativi che li possono costringere ad abbandonare quel tasso di cambio fisso, e così falliscono (default). Questo ovviamente limita tantissimo la capacità di quei governi di spendere liberamente, come invece possono fare (anche a deficit) i Paesi a moneta sovrana. L'Argentina e la Russia delle drammatiche crisi finanziarie passate erano due casi tipici*".

Cosa sono le tasse? Chi lo sa alzi la mano

Chiedete a chiunque la seguente cosa: "A cosa servono le tasse?". La risposta sarà invariabilmente "A dare denaro allo Stato per il suo funzionamento". Non è forse vero che è dalle tasse che lo Stato ricava la spesa per la sanità, scuole, infrastrutture o pensioni? L'allungamento dell'età pensionabile non è forse giustificato dalla necessità di raccogliere maggior fondi per la previdenza sociale?

La risposta è no, un secco e chiaro no se lo Stato è a moneta sovrana, come gli USA, la Svezia o il Giappone e l'Italia prima del 2002. Un secco sì per i 17 Paesi dell'eurozona, purtroppo, ma solo da poco. Milioni di adulti italiani non hanno mai saputo che le loro tasse non sono mai servite allo Stato per spendere. E così non lo sanno centinaia di milioni di altri occidentali e non. È impossibile che le tasse possano pagare alcunché, visto che sono soldi che il governo a moneta sovrana ha immesso nella collettività e che poi si riprende indietro in percentuale minore. Non dimenticate mai che le tasse vanno obbligatoriamente pagate nella moneta dello Stato, che solo lo Stato ha creato, per cui si tratta proprio di soldi da lui elargiti e che poi gli tornano indietro in parte. Non può in alcun modo poi rispenderli, la matematica non gliel'o permette. Cioè, se un negoziante investe 100 e incassa 30, come fa ad avere alcunché da spendere? Inoltre, poiché il governo a moneta sovrana s'inventa il denaro da spendere, che senso ha che si complichi la vita per riprenderselo indietro e rispenderlo? Fa prima a inventarsene dell'altro. Ciò che in realtà accade è questo: lo Stato a moneta sovrana inventa denaro spendendo, che poi si riprende (in parte) con le tasse distruggendolo, perché si tratta proprio dei soliti impulsi elettronici che viaggiano avanti o indietro. Immaginate la spesa dello Stato come un contatore elettronico: quando lo Stato spende, i numerini corrono aumentando, es. da 234.000 a 234.400 (i c/c di cittadini si gonfiano); quando lo Stato ci tassa gli stessi numerini scendono ad es. da 234.400 a 234.100 (i c/c dei cittadini si sgonfiano). Semplicemente 300 cifre elettroniche sono sparite nel nulla, non possono essere spese. Anche nel caso remoto in cui un cittadino pagasse le sue tasse in contanti, accade la stessa cosa: i contanti finiscono alla BC che li distrugge. Ecco cosa sono le tasse veramente, denaro che sparisce, null'altro, e certamente non un mezzo per racimolare soldi per la spesa dello Stato a moneta sovrana.

Ma allora, perché diavolo uno Stato come gli USA o la GB tassano? Perché Roma tassava prima del 2002? Le ragioni erano e rimangono quattro, di cui una merita un approfondimento, ma vediamole. Lo Stato a moneta sovrana tassa per:

1) tenere a freno il potere economico dei ricchi (non quello della gente comune). Infatti uno dei pochi mezzi che lo Stato ha per impedire alle oligarchie private di divenire immensamente ricche e quindi di spodestare lo Stato stesso è di tassarle. Lo fa troppo poco? Dipende dalle opinioni, ma questo è.

2) limitare l'inflazione. Si è detto che: inflazione = troppo denaro in giro e troppi pochi prodotti. Se ciò accade, lo Stato tassa, si riprende i suoi soldi elargiti spendendo, e drena così l'allagamento di denaro per contenere l'inflazione.

3) scoraggiare o incoraggiare taluni comportamenti. Si tassa l'alcool, il fumo, o l'inquinamento, e si detassano le beneficienze o le ristrutturazioni, ecc.

imporre ai cittadini l'uso della sua moneta sovrana. È l'unico modo.

4) Quest'ultimo va spiegato (in parte già trattato in precedenza, nda), poiché veramente centrale nella comprensione della moneta moderna. Per fare ciò, sfodero una vecchia storiella, quella del Re che emette moneta:

Il Re stampa la sua moneta (carta, metallo o altro). Con essa si compra ciò che gli pare, e c'è chi dice che questo è ingiusto, poiché il monarca guadagna dalla sua moneta senza dare nulla in cambio. Se questo Re ha un esercito che terrorizza i cittadini ridotti a schiavi, allora l'accusa regge, e il tiranno imporrà la sua valuta a tutti senza nulla concedere in contropartita, lui se la gode gratis, tutti gli altri devono sgobbare per averla. Ma se il Re governa una democrazia dove schiavizzare con le armi non è più possibile, come fa a imporre la sua moneta a tutti? Semplice, lo fa con le leggi, ed esse sanciscono che quella moneta è la valuta nazionale. Ok, ma anche questo stratagemma non è sufficiente a garantire che tutti in quel Paese usino sempre la moneta del Re; infatti chiunque potrebbe inventarsi altre monete locali e sopravvivere senza quasi mai usare quella del monarca. Ma allora perché nei fatti tutti la usano? Perché il Re, sempre attraverso le leggi, impone a tutti i cittadini le tasse da pagare, ed esse vanno obbligatoriamente pagate con la moneta emessa dal Re. Il gioco è fatto, e in effetti se così non fosse, se cioè lo Stato non avesse il potere di tassare con la sua valuta, lo Stato stesso cesserebbe praticamente di esistere. Siccome tutti abbiamo questo obbligo di legge, conviene a tutti lavorare per guadagnare e usare la valuta del Re e non quella di altri feudi locali. E cosa ci dà il Re in cambio? Ci dà il diritto di sbarazzarci dei nostri obblighi finanziari verso di lui con la stessa carta straccia o metallo povero che ha emesso per primo. Dunque le tasse servono a imporre alla cittadinanza nazionale una valuta unica.

Sostituite Re con governo/Stato, e capite tutto. Non esiste altro motivo per cui i cittadini debbano accettare la moneta di Stato, se non le tasse.

Ricapitolando, le tasse dello Stato a moneta sovrana non servono mai a permettere allo Stato di spendere. Ma come al solito, e di nuovo, la musica cambia del tutto per i governi che non hanno moneta sovrana... e qui torniamo ai soliti poveri 17 dell'Eurozona. Si è già visto che i 17 non possono spendere emettendo moneta a deficit senza limiti, proprio perché non posseggono alcuna moneta (l'euro non è di nessuno letteralmente). Non possono cioè pigiare tasti al Tesoro o alla BC ed emettere denaro. Per spendere, devono prenderlo in prestito dai privati (si legga il capitolo COME SPENDE UN GOVERNO A MONETA NON SOVRANA: LA UE OGGI), oppure devono tassarci. Decade perciò nella Zona Euro il principio per cui non ha senso che uno Stato tassi per riprendersi indietro lo stesso suo denaro da spendere e che può molto più facilmente inventarsi. Oltre tutto, poiché il debito/deficit dei 17 Paesi dell'euro ora è veramente un debito (si legga il capitolo UN DEBITO CHE È UN PROBLEMA: ECCOME), e va ripagato sempre, diventa ancor più impellente per questi Stati trovare il denaro per farlo, e il prelievo fiscale serve anche a questo, purtroppo. In sintesi: il governo a moneta sovrana non tassa per poter spendere, perché spende inventandosi il suo denaro; chi invece non ha moneta sovrana non può spendere inventandosi il denaro e deve trovarlo con le tasse o indebitandosi, ma più si indebita più deve tassare per pagare i debiti.

La piena occupazione era possibile

Ci stiamo avvicinando al clou di questo saggio, ma occorre comprendere ancora una realtà economica di importanza capitale. La piena occupazione cioè quell'inimmaginabile sogno dove non sarebbero esistiti uomini o donne privati della dignità del lavoro e del sostentamento dei proprio figli, dove non sarebbe esista l'umiliazione del lavoro sottopagato, dove i precari/flessibili/a chiamata sarebbero stati solo un incubo su cui scherzare, dove violenza domestica e alcolismo o droga e delinquenza non avrebbero mai incancrenito le mura domestiche di un licenziato, dove non sarebbero esistiti bambini col futuro spezzato da una busta paga scomparsa – beh, quel sogno era possibile, pienamente possibile nelle economie di tutti i Paesi, ma fu stroncato scientemente proprio per schiavizzare milioni e controllarli con la sofferenza, col fine di accumulare potere e profitti per pochissimi. Nel prossimo capitolo su IL PIÙ GRANDE CRIMINE darò conto di cosa ci hanno incredibilmente fatto, ora la spiegazione dell'assioma di cui sopra.

Il lavoro scientifico in materia economica che offre le basi alla possibilità della piena occupazione è il merito soprattutto del Prof. L. Randall Wray, docente di economia e direttore della ricerca del CFEPS all'Università del Missouri Kansas City (USA). Con lui oggi lavorano decine di altri colleghi titolati di almeno quattro nazioni. Permettetemi di introdurre il tema con le sue parole:

"Se capiamo come funzionano i sistemi monetari, se comprendiamo che il denaro è solo impulsi elettronici o carte straccia inventati dal Tesoro e dalla BC, allora possiamo dire: il governo a moneta sovrana può inventasi tutti gli impulsi

elettronici che vuole, con essi può pagare tutti gli stipendi che vuole, comprare tutto ciò che vuole. Possiamo avere la piena occupazione, il business può vendergli tutto ciò che deve vendere se il governo vuole comprarglielo. Può il governo permettersi queste spese? Certo, perché il governo non esaurirà mai gli impulsi elettronici, dunque non farà mai bancarotta; preme un bottone e gli stipendi appaiono sui computer delle banche. L'unico limite è l'inflazione, ma se il governo spende per aumentare la produttività nel settore privato, allora l'inflazione non è più un problema".

Queste parole, oltre a lasciare increduli tutti voi, suscitano disapprovazione negli economisti classici per motivi che vi saranno chiari nel capitolo IL PIÙ GRANDE CRIMINE e che hanno a che fare con le carriere e il potere. Ma capita che fra i grandi dell'economia qualcuno dotato di libero pensiero riesca a primeggiare, e fu questo il caso del Nobel Paul Samuelson, che appose il suo marchio di approvazione alle idee di Randall Wray quando dichiarò che l'attuale terrore del deficit è "una superstizione (…), una religione arcaica per spaventare la gente con dei miti, affinché si comportino in un modo accettabile dal sistema civile".

La prima domanda che chiunque si pone dopo aver letto queste cose è: *"Ma se fosse vero che un governo a moneta sovrana (come era anche l'Italia fino al 2002, nda) può spendere come e quanto gli pare, e non solo non creare disastri ma addirittura creare piena occupazione e ricchezza, allora perché non l'hanno mai fatto?".* La risposta è d'obbligo, e di nuovo la formulo con le parole di Wray:

"Non è successo perché innanzi tutto ci sono un sacco di politici ed economisti che non capiscono nulla dei sistemi monetari, cioè non sanno capire che il denaro è solo impulsi elettronici e carta straccia. Poi ci sono molti individui nelle posizioni chiave del potere che sono opposti ideologicamente a questa idea, cioè: vogliono la disoccupazione, gli piace, gli dà schiere di lavoratori a stipendi sempre più ridotti, e possono competere sui mercati esteri sempre meglio. Ma soprattutto questo, si faccia attenzione: se i cittadini, che formano gli Stati ed eleggono i governi, si rendessero conto che i governi possono spendere quanto vogliono senza limiti di debito, allora il settore pubblico acquisirebbe una percentuale della ricchezza nazionale troppo **grossa***".* (Grassetto mio, nda).

Ed è appunto successo che dagli anni '20 dello scorso secolo a oggi il grande capitale abbia ordito un piano di dimensioni eccezionali proprio per stroncare sul nascere all'interno delle classi politiche, delle università, nei sindacati e nella popolazione ogni accenno a quella consapevolezza. I fatti, nomi, date, e prove nel prossimo capitolo. Stiamo sulla piena occupazione ora.

I lettori dovranno a questo punto farsi forza delle nozioni apprese finora, in particolare quelle dei capitoli sulla spesa dello Stato a moneta sovrana, su cosa sia la moneta e come funzioni il debito pubblico/deficit di bilancio. Ora spiego come la piena occupazione poteva e può essere una realtà.

Allora: un governo può acquistare tutto ciò che esiste in vendita entro le proprie frontiere, ma anche all'estero, a patto che sia prezzato nella sua moneta sovrana. L'unico limite alla sua capacità d'acquisto è ciò che esiste in vendita prezzato in quella moneta, e NON un limite di spesa. Il governo svedese può acquistare tutto ciò che esiste in vendita in Corone, quello angolano tutto ciò che è in vendita in Kwanza, quello nicaraguense tutto ciò che è in vendita Cordoba, quello cinese tutto ciò che è in vendita in Yuan, ecc. Possono emettere la loro moneta sovrana senza limiti e comprare qualsiasi cosa vogliano se qualcuno gliela vende in cambio di quella moneta, perché come si è già visto il loro debito **sovrano** potrà essere sempre ripagato pigiando bottoni al Tesoro o alla BC, e in secondo luogo perché si è già detto anche che i governi a moneta sovrana possono spendere per primi senza indebitarsi con alcuno. Possono comprare ciò che vogliono, e questo include anche la forza lavoro. Possono cioè permettersi di impiegare tutti, ma proprio tutti, i disoccupati; essi infatti saranno più che felici di vendere a quei governi il proprio lavoro prezzato nelle relative monete nazionali. Basta che i governi "*premano un tasto e gli stipendi appariranno nei computer delle banche*". Ciò significa che nazioni che variano in ricchezza come gli Stati Uniti e il Marocco potevano e possono entrambi eliminare del tutto la disoccupazione, e contemporaneamente arricchire il Paese, senza sforare in eccesso i parametri economici principali. L'Italia dal 1948 al 2002 poteva farlo tranquillamente... pensate solo alle sofferenze indicibili che stanno scorrendo fra queste parole, vissute da milioni di esseri umani, dalle loro famiglie, dei loro bambini.

Tecnicamente, e in sintesi, la piena occupazione pagata dallo Stato a moneta sovrana funziona così: il governo stabilisce uno stipendio cosiddetto di sopravvivenza – esso consente alla persona di soddisfare pienamente le esigenze di un vivere decoroso in quella data economia. Saranno creati posti di lavoro e percorsi di formazione al lavoro pagati con quel livello salariale, nei settori che realisticamente necessitano di presenza umana[7], dove lo Stato non risparmierà

---

[7]   *Vi sono settori dove il destino della presenza umana è segnato, inutile dimenarsi. Uno di questi è proprio la produzione di auto, e so di toccare un tasto dolente in Italia. Ma pensate che oggi nella Corea del Sud tutti i nuovi impianti di assemblaggio auto lavorano al buio, cioè proprio le lampadine sono spente, perché non esistono esseri umani al lavoro all'interno di quegli stabilimenti, solo robot. Il*

il meglio del training e dove vi saranno verifiche severe sulle capacità effettive sviluppate dal lavoratore.

Il settore privato sarà stretto in una morsa: da una parte gli converrà assumere personale proveniente dall'impiego/formazione dello Stato perché si tratterà di lavoratori già esperti in quelle mansioni e 'certificati', invece che, come oggi accade di frequente, gente assunta quasi alla cieca con curricula spesso vaghi o deficitari. Dall'altra non potrà più spingere i salari a livelli indecenti come oggi sta accadendo, poiché perderebbe frotte di lavoratori che emigrerebbero verso l'impiego/formazione dello Stato. I vantaggi aggiuntivi sono: la fine della disoccupazione con la sua mole devastante di danni sociali e umani che non dobbiamo neppure menzionare; la rete di sicurezza dell'impiego/formazione statale in cui i licenziati dal settore privato potranno ricadere con la sopravvivenza garantita, e non essere considerati quindi 'parassiti' di elemosine salariali senza lavorare; una collaborazione fra Stato e settore privato per permettere a quest'ultimo di rimanere competitivo sui mercati senza creare disastri sociali, mentre la cittadinanza gioverà della nascita di una serie d'impieghi ad alta utilità sociale/ambientale che oggi si stanno rendendo sempre più urgenti. Infine un elemento cruciale che necessita di una spiegazione.

Ogni anno il World Economic Forum stila una graduatoria delle nazioni più appetibili per gli investimenti e più competitive nel business; le pagelle sono pubblicate nei suoi Global Competitiveness Reports. La sorpresa per il lettore è quella di scoprire che per anni, e cioè fino alla catastrofe del crollo dell'euro, la nazione considerata come il paradiso assoluto degli investitori è stata la Finlandia, cioè forse il Paese dove le reti di protezione statali sono le più forti del mondo. E nelle 10 posizioni di testa troviamo ancora oggi 5 nazioni scandinave, sempre quelle dello Stato protettore dei cittadini. Ciò sorprende, poiché al contrario siamo abituati a sapere che il business corre a investire là dove i salari sono selvaggiamente bassi, dove lo Stato non interviene a proteggere i lavoratori, dove le regolamentazioni governative sono inesistenti. Il motivo per cui un covo di falchi finanziari privati come il World Economic Forum ha premiato un Paese dove la mano dello Stato è onnipresente è proprio che essa fornisce un ambiente di sicurezza sociale, di stabilità della forza lavoro, e di benessere generali da garantire agli investimenti di fruttare al massimo. In parole povere:

---

futuro della metalmeccanica è questo, inarrestabile, e allora i governi dovranno ricavare dei nuovi settori d'impiego ad alta utilità umana per sopperire a quelle perdite, come per esempio i lavori di utilità sociale sulla popolazione anziana che oggi quasi non esistono, o altri simili, per esempio sulla tutela dell'ambiente ecc.

hanno capito che se chi lavora sta bene anche chi investe ci guadagna, e che la condizione opposta non premia gli investimenti. Non per nulla la famigerata Cina del lavoro da schiavi figurava l'anno scorso al ventinovesimo posto. Tutto ciò ci serve a capire che fra i vantaggi della piena occupazione a spese dello Stato, vi sarà anche un flusso positivo di investimenti, che di nuovo apporteranno ricchezza al Paese.

Le obiezioni che gli economisti delle destre finanziarie sollevano a questo impianto teorico per la piena occupazione sono le seguenti, e gli diamo un'occhiata solo per dovere di completezza. Primo, **dicono che un governo non può permettersi un simile esborso**; non vero, infatti si è dimostrato in precedenza che lo Stato a moneta sovrana non ha praticamente limiti di spesa. Secondo, **gridano al pericolo inflazione, poiché le migliori condizioni economiche dei lavoratori li porteranno a spendere di più, immettendo molto denaro in giro** (inflazione = molto $ in giro e pochi prodotti); come già spiegato più volte in precedenza, l'inflazione è l'unico limite vero alla spesa a deficit ma si controlla agevolmente con l'aumentata produzione derivante da quella spesa, o tassando. Terzo, **affermano che i Paesi meno ricchi dovranno indebitarsi in dollari poiché i lavoratori meglio pagati vorranno acquistare molti più prodotti stranieri (cellulari, pc, auto ecc.)**; può accadere, ma in quel caso il Paese povero avrà l'opzione di vendere sui mercati la propria moneta sovrana – che emette a costo zero in cambio di dollari. Troverà così i dollari necessari a finanziare l'aumento di spesa, indebitandosi solo con se stesso. Tenete conto che non di rado i mercati di capitali sono interessati ad acquistare valute di nazioni meno ricche pagandole in dollari, al fine di diversificare gli investimenti o perché sono importatori di beni da quel Paese, oppure perché credono in un apprezzamento di quella moneta a breve. Il rischio della vendita della propria moneta per acquisire dollari è quello della svalutazione, cioè essa crolla di valore, ma di sicuro quel rischio è preferibile alla classica trappola micidiale del prestito di dollari da parte del Fondo Monetario Internazionale, che come è noto finirà per divenire di fatto il creditore/padrone di quello Stato, infliggendo sofferenza inaudite (il terribile capitolo del Debito del Terzo Mondo). Infine, non si comprende comunque la logica anti-umanitaria di chi dice che è meglio per uno Stato avere una massa di disperati senza lavoro piuttosto che rischiare un indebitamento estero o una svalutazione della moneta. Quarto argomento contro la piena occupazione è che **i tassi di cambio della moneta andranno al ribasso, cioè la moneta sarà più debole contro le altre sui mercati di cambi. Questo accade per via del solito aumento di redditi e conseguente aumento di importazioni. Chi importa molto ed esporta poco 'allaga' i mercati con la propria moneta più di quanto incassi con altre monete, e così questa perde**

di valore. Risposta: prima di tutto domandiamoci se vale la pena avere la disoccupazione con le sue nefaste conseguenza sociali ed economiche pur di mantenere una valuta forte, che avvantaggia solo i ricchi che possono così acquistare all'estero a prezzi di vantaggio, mandare i propri figli a studiare in Svizzera per meno, o speculare sui mercati, mentre l'export di tutto il Paese collassa. Ma si può rispondere che con la piena occupazione aumenta anche la produzione domestica che diminuirà non solo l'inflazione ma anche il bisogno di importare da fuori alcuni beni, per cui meno 'allagamento' di propria moneta sia all'interno che all'estero; poi, una forza lavoro più contenta e meglio formata attirerà gli investimenti in monete forti, che di nuovo diminuiranno il bisogno di usare la valuta di Stato per l'import. Tutto ciò manterrà una buona stabilità dei prezzi. Quinta e ultima obiezione: **il governo centrale non riuscirà mai a gestire un controllo efficace delle risorse su tutto il territorio nazionale**.

La soluzione in questo caso è di de localizzare alle regioni la gestione dei programmi di piena occupazione, ma solo la parte per così dire anagrafica, non quella dei soldi, che rimarranno elargiti solo dal governo.

È importante capire anche con la finalità di comprendere meglio uno dei criminosi disegni che descrivo nel prossimo capitolo che l'opposizione a questo tipo d'intervento dello Stato a favore dei disoccupati è, e fu, soprattutto ideologica ed elitaria, e non giustificata da reali danni economici che quell'intervento abbia mai portato. L'ideologo sciagurato del principio secondo cui meglio avere lavoratori pagati da fame o addirittura disoccupati piuttosto che avere inflazione (meno stipendi = meno spesa dei cittadini; meno spesa dei cittadini = meno denaro che 'allaga' i mercati e più prodotti invenduti, quindi meno inflazione, nda) fu l'economista Milton Freedman negli anni '60. In realtà la disoccupazione faceva il gioco di ben altri interessi, che volutamente ignorarono le evidenze economiche e sociali più lampanti, come il fatto che le masse dei disoccupati in primo luogo abbassano il PIL del Paese, perché tutta quella gente se stesse lavorando produrrebbe ricchezza in più che così non c'è, e in secondo luogo portano alle piaghe dell'alcolismo, crimine, violenze di ogni tipo, danni alla salute, che poi costano alla collettività miliardi; infine, è ormai chiaro da decenni che le crescite economiche forti secondo i modelli privatistici non hanno mai ridotto la disoccupazione, visto che la forza lavoro è sempre meno impiegata a causa dell'aumentata produttività dei singoli dipendenti e a causa dell'automazione del lavoro. In parole povere: disoccupati e disperati dovevano esistere perché faceva comodo a pochi, e non perché non se ne poteva fare a meno

"*Da una parte stiamo riducendo il potere dello Stato e del settore pubblico con le privatizzazioni e la deregulation (...) Dall'altra stiamo trasferendo molti dei poteri nazionali degli Stati a una struttura più moderna a livello europeo che aiuta i business internazionali come il nostro*".

(dichiarazione della lobby finanziaria ERT alla Commissione Trilaterale nel 2000)

IL PIÙ GRANDE CRIMINE,
LA STORIA NEI DETTAGLI

(Si ricorda ai lettori che alcuni punti chiave di questo racconto saranno incomprensibili se non si è prima visto quanto spiegato nei capitoli precedenti)

Introduzione

Conobbi Antonio in un corridoio del Centro di Riferimento Oncologico di Aviano nel 2000. Abruzzese, settantadue anni, assisteva la moglie morente che aveva accettato un'ultima chemioterapia azzardatissima. Antonio parlava con voce afona ma non monocorde, anzi, ti portava con lui nel racconto, noi stavamo seduti su una panca, i suoi gomiti appoggiati sulle ginocchia, la testa bassa che solo di rado si girava per guardarmi. Era stato un bell'uomo, io non vidi mai la sua sposa. Ricordo bene tre momenti di quello scambio. Lui aveva mille volte pregato la moglie di non andare a lavorare, per i figli soprattutto, ma a pensarci oggi, diceva, era una premonizione la sua. La donna infatti accettò un posto da operaia in un capannone che assemblava, tagliandoli, dei lastroni pensanti. Amianto. Ma era il 1971, chi lo sapeva? Se solo lei l'avesse ascoltato, mi disse Antonio, ma lei sognava il boom economico, non avevano la lavatrice in casa, i bambini non vestivano come gli altri a scuola, ci voleva quello stipendio in più, era quel sogno, capite? La seconda cosa che mi è rimasta fu la descrizione di come lui, operaio a Torino, affittava un posto letto assieme ad altri due, un unico posto letto, perché uno ci dormiva la mattina, l'altro il pomeriggio, e l'ultimo la notte, a seconda dei turni. Spesso uno dei tre doveva stare sveglio per forza. La terza cosa: è un grido sordo ma tremendo che sentivo dentro, che mi scuoteva la testa, perché non è giusto, perché è ignobile che un sogno così modesto e legittimo si debba pagare con la vita e con così tanta sofferenza. Non solo quella di oggi, ma anche quella di allora, cioè tutti quei giorni unici e irripetibili in cui quei due innamorati furono costretti a sentirsi da una cabina telefonica se andava bene, e dove ciascuno la notte dormiva solo, mai un bacio, mai far l'amore, mai quella voce lì accanto pronta a sorreggerti quando c'era bisogno. E quei bambini senza padre, che dovevano fare i conti persino con le merende. Quei bimbi che futuro hanno avuto in quelle condizioni?

Sono milioni, furono milioni. In Italia, in Francia, in Belgio, in Gran Bretagna, ovunque, anche nel mondo ricco. La donna di Cockfosters, a Londra, che raccolsi in mezzo alla strada lungo la Mount Pleasant perché stava collassando dal pianto, metà volto tumefatto dai pugni di qualcuno. L'accompagnai in banca, e dovetti assistere alla scena forse più straziante che ricordi in tempo di pace. Lei che supplicava un semplice cassiere di estenderle lo scoperto del conto. Lui in imbarazzo sotto i singhiozzi di lei sempre più insopportabili da udire. La fecero scortare fuori. Il marito disoccupato da tre anni e alcolizzato la picchiava. Lei ora doveva tornare da lui. Balbettai di rivolgersi ai servizi sociali... stolto, erano gli anni di Margaret Thatcher, i servizi languivano dalla fame essi stessi. Immaginare cosa sarebbe stato per lei rientrare in casa mi era disgustoso; offrii di accompagnarla, mi disse che era inutile, tanto poche ore dopo sarebbe comunque accaduto. "*Abito qui al 119, se hai bisogno vieni a bussare*", aggiunsi io a quel punto, il suo appartamento nelle Council Houses pubbliche era a pochi passi, ma nell'anima sperai con tutto me stesso che non accadesse mai. Chi attende con animo disinvolto la visione dell'orrore? Non so che fine abbia fatto.

Sono milioni, furono milioni. Vissero così e vivono oggi così non per destino di natura, ma per una decisione presa a tavolino da coloro che fra poco conoscerete. Dovevano soffrire, devono soffrire, a milioni, perché dovevano vivere nel bisogno, nella carenza istituzionalizzata, dovevano lavorare come schiavi, avvelenarsi il vivere e consumarsi nell'invidia dei privilegiati. Poi morire. Così li avrebbero neutralizzati. Fosse anche per le poche vite citate qui sopra, i mandanti di un simile crimine, nella realtà esteso a tutto il mondo occidentale, dovrebbero essere processati in una nuova Norimberga. Ma ciò che hanno ordito è persino peggiore di quanto vi ho appena accennato. È di sicuro il Più Grande Crimine dal dopoguerra a oggi in Occidente. Eccolo.

Il Tridente che aveva cambiato la Storia

Se un adolescente mi chiedesse qual è la differenza più marcata fra il mondo antico e quello moderno, gli risponderei ben lontano dalle ovvietà come la tecnologia. Gli direi che la differenza cruciale, quella che ha maggiori conseguenze oggi, è che nel mondo antico il Vero Potere non doveva nascondersi. Oggi invece il Vero Potere è occulto, quasi nessuno lo conosce, deve nascondersi. Luigi XIV, Richelieu, il Metternich o la Regina Vittoria erano alla luce del sole, i loro imperi e posizioni erano conosciuti, le loro decisioni venivano enunciate a gran voce. Ti opponevi? Bastavano truppe e baionette, camere di tortura e corde saponate, la Cayenna, o le colonie penali negli oceani, e via, sparivi, sparivano in cento, mille alla volta. Ma non v'era neppure così tanto bisogno di usare la violenza, semplicemente perché il popolo manco osava immaginare di poter scalfire il Vero Potere. Esso era alla luce del sole.

Nell'epoca contemporanea, invece, il Vero Potere sta nascosto, e ciò che tutti noi abbiamo memorizzato come il potere cioè la politica nazionale, gli amministratori, i magistrati, le caste professionali e persino le mafie – sono solo il 'Cortiletto del Poterè, vale a dire una rappresentazione fittizia del potere che il Vero Potere ci mette davanti agli occhi affinché tutti noi guardiamo ossessivamente da quella parte e non dalla sua. Lui, il Vero Potere, deve operare indisturbato nel silenzio. In metafora, ciò che siamo abituati a riconoscere come il potere non sono altro che i fuochi fatui, la massa putrescente sta sotto terra, occulta. Ma attenzione, perché quanto appena detto ha anche implicazioni cruciali per tutta la sfera della lotta civica, in particolare per l'annosa domanda che tutti ci poniamo dopo essere venuti a conoscenza di uno scandalo o di un misfatto: "E cosa possiamo farci?". Perché risulta lampante che se tutti voi nell'intento di combattere il Sistema venite da decenni dirottati contro un falso potere, contro un potere da quattro soldi che nasconde dietro di sé il Vero Potere, cosa mai otterrete? Vanno conosciute le Vere fonti del Potere innanzi tutto, e questo scritto serve anche a ciò.

Ma veniamo al motivo per cui il Vero Potere oggi si nasconde.

Si parlava dei potentati assolutistici dell'era antica. Sappiamo tutti che a un certo punto della Storia le idee di un nugolo di uomini 'illuminati' scalfirono quello stato di fatto millenario, lentamente, ma accadde. Non tante idee, solo tre fondamentali: vi sarebbe dovuto essere uno Stato, un popolo che lo legittimava con libera scelta, e dalle leggi che esso promulgava nel nome del medesimo popolo. Tutto qui. Tre idee. Stato, leggi e popolo coordinati. Un Tridente, proprio un'arma con cui ricacciare nel dimenticatoio della Storia migliaia di anni di dominio assoluto di poche élites su popoli marginalizzati senza speranza. E quell'arma era potentissima, la più potente arma mai ideata dell'essere umano, perché si badi bene che non v'è nulla al mondo che uno Stato con le sue regole legittimate da una maggioranza non possa cambiare, distruggere, fermare, contenere. Nulla in assoluto. Sto parlando della nascita delle democrazie partecipative, quelle in cui i cittadini partecipavano in numeri variabili, ma talvolta consistenti, alla vita pubblica.

E accadde così che per almeno duecento cinquant'anni il Vero Potere arretrò di fronte a quelle idee, lento ma inesorabilmente, con pause anche devastanti come le grandi guerre, ma furono solo pause. Si arrivò in tal modo all'alba del XX secolo, il centennio che vedrà il potere del Tridente arrivare al suo culmine intorno agli anni '70. A quel punto il trionfo di Stati, leggi e popoli partecipativi aveva ormai costretto il Vero Potere a nascondersi del tutto. Non era infatti immaginabile che nella modernità una voce oligarchica con fini di egemonia, di distruzione del bene comune e della cittadinanza potesse ancora solcare la vita pubblica e reclamare arrogante ricchezza e privilegi.

Ma già all'inizio di quel secolo, qualcuno aveva iniziato a tramare un cambiamento di proporzioni epocali: niente meno che la rivincita delle élites di potere per ricacciare a loro volta Stati, leggi e popoli nel dimenticatoio della Storia. Cioè, distruggere La Gallina dalle Uova D'Oro che eravamo sul punto di possedere al culmine di 250 anni di lotte sociali che trovarono il loro apice negli anni '70.

La Gallina dalle Uova d'Oro

C'è qualcosa al mondo che può opporsi alle leggi degli Stati Sovrani democraticamente legittimati dai loro cittadini? No, nulla può, neppure la più potente elite privata. E cosa sarebbe accaduto se questi Stati avessero acquisto i mezzi economici per arricchire la maggioranza dei propri cittadini con, di nuovo, pochissime limitazioni di spesa? Semplice: **la fetta maggiore della ricchezza** di quegli Stati sarebbe caduta nelle mani dei loro elettori, e non sarebbe mai più stata posseduta invece dalle elite private di quelle nazioni. In altre parole, le elite avrebbero perduto il controllo di una colossale ricchezza, per sempre.

Chiediamoci: c'è mai stata un'epoca in cui gli Stati e i popoli possedettero mezzi economici così straordinari? Sì, ci fu. Formalmente tale epoca iniziò nel 1971, quando una decisione unilaterale del presidente americano Nixon mutò radicalmente il sistema monetario internazionale introducendo la Moneta Moderna nelle nazioni occidentali. La Moneta Moderna si chiama FIAT (dal latino), ed è definita come moneta sovrana[8], floating e non convertibile che lo Stato

---

8   *Ricordo ai lettori una distinzione cruciale. Quando in questo saggio troverete la definizione 'moneta sovrana', sappiate che mi riferisco a qualsiasi moneta moderna che*
a) è di proprietà dello Stato che la emette, quindi è SOVRANA;
b) Stato e Banche non promettono più di convertirla in oro o altri beni concreti su richiesta del cittadino (ma rimane cambiabile in altre valute per andare in ferie ad es.), quindi è NON CONVERTIBILE;
c) le autorità non promettono più di cambiarla a un tasso fisso con altre monete forti (ad es. 1 pesos argentino era cambiato fisso con 1 dollaro USA), quindi è FLO-

semplicemente emette dal nulla.

Come ci viene spiegato dalla scuola di economia della Modern Money Theory (MMT) guidata dal Prof. L. Randall Wray[9], queste monete davano allo Stato un potere senza precedenti di iniettare ricchezza finanziaria al netto nel settore non governativo (cittadini + aziende) quasi senza limiti. In altre parole: il governo poteva spendere a Deficit inventandosi il denaro, e nel fare ciò avrebbe reso più ricco chi lo riceveva (accreditando i conti correnti dei cittadini e delle imprese che gli vendevano beni e servizi). Ma veramente più ricchi, cioè più ricchi **al netto**. Infatti si trattava di **denaro nuovo** che veniva creato dal governo e guadagnato dai sopraccitati. Perché si deve capire che il denaro che circola nel settore non governativo (cittadini e aziende) non è mai denaro nuovo, ma solo denaro che qualcuno spende e che altri guadagnano; denaro che cambia di mano, basta. Oppure è denaro creato dalle banche ma che ha sempre un corrispettivo debito di qualcuno che ne annulla il valore (la banca crea 10 e me li presta, ma io sono in debito di 10, per cui al netto nella società non c'è nulla). Dunque i governi che usavano la Moneta Moderna potevano spendere a Deficit in questo modo virtuoso, che appunto aggiunge denaro nuovo al netto nella società. Questa spesa si chiama **Spesa a Deficit Positiva** (leggere assolutamente la nota[10]).

Riassumendo, la moneta moderna (FIAT) di cui si parla DEVE essere sovrana, non convertibile e floating, se no NON può essere usata per gli scopi di arricchimento pubblici sopra descritti.

Il dollaro è moneta sovrana, così la sterlina, così lo yen giapponese, e altre. Tutta Europa, fino al gennaio 2002, ancora possedeva monete sovrane (marco, franco, lira ecc.), che sono poi scomparse con l'avvento (sciagurato) dell'Euro, che... non è di proprietà di nessuno Stato. Questo fatto ha cambiato in modo radicale tutte le regole classiche della funzione monetaria ed economica nell'Europa dei 17 Paesi aderenti alla moneta unica. Al punto che purtroppo lungo tutta questa trattazione dovremo sempre pensare con due menti, una che considera gli Stati con moneta sovrana, e una che considera quelli dell'euro. Capirete meglio dopo.

9   L. Randall Wray è Professore di Economia e Research Director del CFEPS presso la University of Missouri, Kansas City, ed è anche Senior Scholar at The Levy Economics Institute of Bard College. Il testo fondamentale sulla MMT è *Understanding Modern Money: The Key to Full Employment and Price Stability*, Wray, L. R. 1998. Edward Elgar)

10   *Prima di continuare, è inoltre essenziale che sia compresa la differenza fra Spesa a Deficit Positiva e Spesa a Deficit Negativa. Infatti, ciò che le elite di cui trattiamo hanno attaccato è la Spesa a Deficit Positiva, proprio perché essa arricchi-*

Essa poteva finanziare la piena occupazione, il pieno Stato sociale, la piena istruzione, migliori infrastrutture, la crescita produttiva. Il tutto a favore dei cittadini e senza pericolo di inflazione, per via dell'aumento parallelo di beni prodotti a causa di quei finanziamenti, né pericolo di eccessivo indebitamento dello Stato (la spiegazione di scienza economica a sostegno di queste affermazioni è nella Part Tecnica). Di nuovo: ciò avrebbe creato strutture sociali dove lo Stato attribuiva grandi quantità di ricchezza finanziaria alla maggioranza (a scapito delle elite), e dove i lavoratori e i cittadini sarebbero divenuti entità for-

sce la gente comune e le piccole/medie aziende. Quando si parla di Spesa a Deficit Negativa, beh, il loro atteggiamento è a dir poco ipocrita, come capirete fra un attimo. Ma ora chiariamo la differenza fra i due tipi di deficit. La teoria economica MMT definisce come deficit positivo la spesa dello Stato che mira a creare piena occupazione, pieno Stato Sociale, piena istruzione, buone infrastrutture e aumento di produttività. Tutto questo causa un circolo virtuoso di spesa che non solo arricchirà il settore non governativo (la gente + aziende), ma che finisce per ripagarsi da solo. Certo, perché causerebbe una diminuzione della spesa per i costosissimi ammortizzatori sociali, per i danni della disoccupazione e sottoccupazione nel tessuto sociale (alcolismo, criminalità…), e per il salvataggio di banche al collasso e molto altro; tutto ciò appunto andrebbe a ridurre il deficit dello Stato. Ma c'è di più, perché la Spesa a Deficit Positiva aumenta allo stesso tempo le entrate dello Stato, poiché la maggior ricchezza che circola fra i cittadini significa maggiori redditi e dunque maggiori entrate del fisco (anche senza aumentare le aliquote). Ancora: aumenta la produttività di beni nazionali, dunque minor necessità di importarli pagandoli spesso prezzi alti, e questo va a correggere la bilancia dei pagamenti in positivo; poi la Spesa a Deficit Positiva rende il Paese più competitivo, e quindi attira investimenti stranieri, e con loro l'entrata di valute forti. In ultimo, la Spesa a Deficit Positiva controlla anche l'inflazione, grazie all'aumento di produttività che mantiene sotto controllo la massa di moneta circolante. Ma al contrario, la Spesa a Deficit Negativa è un disastro. Essa spesso deriva paradossalmente proprio dall'accanimento delle elite Neoclassiche, Neomercantili e Neoliberiste nel pretendere che gli Stati riducano i deficit. Poiché quando uno Stato è costretto dal quell'accanimento a tagliare la Spesa a Deficit Positiva, immediatamente tutto il settore non governativo si impoverisce. Questo lo costringe a cadere in un circolo vizioso di deflazione economica, che significa meno consumi, che significano meno vendite per le aziende, che quindi licenzieranno e precarizzeranno. Ciò costringerà lo Stato ad aumentare la spesa per gli ammortizzatori sociali descritti sopra, mentre contemporaneamente diminuiscono le sue entrate attraverso un calo del gettito fiscale e degli investimenti stranieri. Ma vi sarà anche una perdita di fiducia in quello Stato da parte dei mercati, con altre conseguenze economiche negative o drammatiche. Si badi bene. Anche se, sulla carta, le elite Neoclassiche, Neomercantili e Neoliberiste condannano ogni forma di deficit, in realtà esse ipocritamente ci nascondono che l'unico deficit negativo è proprio quello che deriva dalle loro rigide prescrizioni economiche, che oggi tutti i governi seguono alla lettera.

ti con poteri contrattuali elevati, poiché, come ha scritto l'economista libanese Joseph Halevi "la vera piena occupazione dà potere; la deflazione, la disoccupazione e i lavoretti precari rendono impotenti"[11].

Tutto ciò sarebbe stato la **Gallina dalle Uova d'Oro** per noi gente comune, perché, ripetiamolo, nulla può fermare le regole fatte da uno Stato sovrano legittimato dai suoi elettori.

Le elite non potevano permettere che ciò accadesse, ed agirono di conseguenza.

Come si diceva, agli inizia degli anni '70 le immense potenzialità sociali della Spesa a Deficit Positiva fecero capolino in alcuni Paesi avanzati, causando il panico nelle elite del potere finanziario e grande industriale. Era questo il periodo in cui le idee partorite dagli Illuministi e sviluppate molto oltre sembravano dover raggiungere il pieno successo, sostenute da un consenso popolare in continua crescita. Alle elite apparve chiaro che gli Stati democratici si stavano rapidamente avvicinando al momento in cui avrebbero potuto veramente controllare la maggior parte della ricchezza mondiale (in realtà, e come vedremo, questa consapevolezza già preoccupava le elite negli anni '30). Un simile sviluppo era per loro inaccettabile, e per questo motivo i "*Globocrati*" decisero di agire. Il loro piano si articolò in quattro direzioni:

1) **Il potere di spesa sovrana degli Stati doveva essere distrutto, assieme alla loro facoltà di usare tale potere per fini sociali e per dar forza alla cittadinanza. Parola d'ordine: distruggere la Spesa a Deficit Positiva.**

2) **Anche la sovranità legislativa degli Stati doveva essere limitata, per evitare che essi cementassero in leggi inattaccabili la Spesa a Deficit Positiva per il beneficio dei cittadini.**

3) **Gli stessi cittadini dovevano essere messi da parte, resi apatici ed incapaci di opporsi al potere, e ancor meno di capire le potenzialità sociali della Spesa a Deficit Positiva dei loro Stati sovrani.**

4) **In ultimo, dalle ceneri di intere nazioni disabilitate dal successo del loro piano, le elite avrebbero ricavato non solo il controllo della fetta maggiore della ricchezza mondiale, ma anche super profitti in finanza ed export.**

In altre parole: la nostra Gallina dalle Uova d'Oro doveva essere del tutto distrutta. E lo fecero.

---

11   Email a Prof. Alain Parguez, Università di Besancon, Francia, 2010.

Le idee

Sono le idee che permettono l'ottenimento del potere, in questo caso la sua riconquista. Le elite si armarono dunque di una serie di idee sofisticate. Forse non vi sarà chiaro da subito, ma i concetti che seguono stanno alla radice di ogni singolo male sociale ed economico che ci affligge da almeno quarant'anni. Le più rilevanti fra queste idee furono:

IL DENARO NON DOVREBBE FIGURARE COME STRUMENTO CENTRALE PER IL FUNZIONAMENTO DELLE ECONOMIE.

Presero in prestito questo dogma dal lavoro degli economisti Neoclassici, quelli che sostenevano che il Mercato avrebbe sempre fornito l'equilibrio perfetto di domanda e offerta di beni, e che avrebbe perciò sempre stabilito il prezzo giusto per ogni cosa. Il denaro non figurava nel loro modello. Ma notate che anche qualcos'altro non figura in questo modello: lo Stato e il suo potere di gestire una politica monetaria. Non per nulla. Era il sogno delle elite: lo Stato tolto di mezzo, e il loro Mercato come governo supremo di tutta la vita economica. Spinsero questa idea al punto da creare uno stereotipo che definì gli Stati, o più precisamente i governi, come qualcosa di ingombrante piantato nel mezzo di una macchina perfettamente funzionante che avrebbe beneficato tutti: il Mercato. È da ciò che l'attuale mantra di ridurre le dimensioni dei governi prese origine, per essere poi raccolto da altri lungo la via. Gli accademici che prestarono queste idee alle elite furono: Dennis H. Robertson, Gerard Debreu, Kenneth Arrow, Frank Hahn e i pensatori politici Neoliberisti in generale.

Un'altra idea che le elite adottarono con vigore fu che

I RISPARMI DEVONO SEMPRE VENIRE PRIMA DEGLI INVESTIMEN-
TI, E MAI VICE VERSA.

Il padre di questa regola fu l'economista inglese David Ricardo (1772-1823). Tradotta in pensiero moderno, essa fornì il razionale per l'attacco delle elite contro la spesa dello Stato per il beneficio dei cittadini. Infatti esse argomentarono che

IL BILANCIO DEGLI STATI È PROPRIO COME QUELLO DELLE FA-
MIGLIE, E, PROPRIO COME FANNO LE FAMIGLIE SAGGE, ANCHE GLI
STATI DEVONO GUADAGNARE DI PIU' DI QUELLO CHE SPENDONO.
DOVRANNO SEMPRE PRIMA GUADAGNARE (RISPARMIARE), E SOLO
DOPO SPENDERE (INVESTIRE).

Questo semplice teorema economico è dotato di una straordinaria efficacia perché è logico e ha convinto tutti, dal pubblico ai politici. Peccato che fosse tutto sbagliato, specialmente da un punto di vista contabile: una famiglia deve risparmiare più di quanto spende semplicemente perché non può creare il proprio denaro; lo deve guadagnare o prendere in prestito, e dunque sarà meglio che la famiglie metta da parte un gruzzolo prima di spendere e che non si indebiti troppo. Ma uno Stato a moneta sovrana non ha nessuno di questi problemi, esso crea il proprio denaro dal nulla e in realtà deve spendere più di quanto incassi tassando se vuole arricchire i cittadini e le aziende, come già spiegato prima. Eppure nonostante questa verità contabile, il mito che "lo Stato è come una famiglia" si sparse come un virus. Ecco come nacque il mantra di dover sempre pareggiare i bilanci, di mai spendere a deficit, di tagliare la spesa dello Stato. Ecco come è nata l'odierna Isteria da Deficit, e naturalmente tutto ciò ha giocato a favore delle elite poiché paralizzò intellettualmente i governi e gli impedì di spendere a deficit tanto quanto necessario per arricchire e tutelare il pubblico.

E se a questi paradigmi aggiungiamo l'odierna falsificazione su cosa siano le tasse, le cose peggiorano ulteriormente. Infatti in coppia con l'inganno de "Lo Stato deve spendere come fa una famiglia", giunse l'altra menzogna secondo cui le tasse sono denaro che lo Stato raccoglie dai cittadini per poterlo poi spendere (sanità, scuola, pensioni…). Questo, con moneta sovrana, è falso. Le ragioni sono compless[12] e le abbiamo viste nella Parte Tecnica, ma vi basti sapere che un governo con moneta sovrana crea il denaro apponendo firme a pezzi di

12   Una spiegazione su cosa siano le tasse si può vedere il MMT Primer su http://neweconomicperspectives.blogspot.com/ , ma anche la Parte Tecnica nel saggio.

carta (banconote/titoli di Stato) oppure a trasferimenti di denaro elettronico. Può mai esaurire le proprie firme? Ha per caso bisogno di tassare la gente per riprendersi indietro quelle firme che può creare a piacimento? Ovviamente no. Deve solo stare attendo a non emettere troppo denaro perché potrebbe causare inflazione, ma di certo non ha bisogno di venire a prenderselo bussando alla nostra porta (le tasse). Ma attenzione, perché una cosa le tasse fanno di sicuro: esse fanno calare i conti correnti dei cittadini. E ora mettiamo insieme le due mistificazioni di cui sopra, cioè "*Lo Stato deve guadagnare più di quanto spenda*" (dunque deve tassare i nostri conti correnti più di quanto li accrediti) e "*le tasse sono denaro che lo Stato raccoglie dai cittadini per poter poi spendere*" (e di nuovo deve pescare dai nostri conti correnti)… Non ci vuole un genio per capire che questa è la strada più breve per impoverire milioni di contribuenti/cittadini/aziende, e la strada certa per strangolare la Spesa a Deficit Positiva che si basa proprio sullo Stato che spenda di più di quanto ci tassi.

Peccato che ciò abbia piagato le vite di milioni di persone comuni e di lavoratori, di piccole e medie aziende, aggredendone i diritti sociali e la sopravvivenza economica, che dipendevano proprio dalla Spesa a Deficit Positiva per essere tutelati. Infatti questa ideologia che ha reso peccato mortale qualsiasi spesa a deficit per lo Stato sociale e per la piena occupazione è lo strumento fondamentale del piano delle elite di cui tratta questo saggio. La deflazione dei diritti e degli stipendi di chi lavora, la dilagante disoccupazione e sottoccupazione che abbiamo oggi sotto gli occhi, sono il risultato di questa serie di principi. I maggiori predicatori moderni di "Lo Stato deve spendere come fa una famiglia" e della Isteria da Deficit sono stati gli economisti Robert Lucas, Tom Sargent, Neil Wallace (scuola New Classical), Jude Wanniski, George Gilder (Supply Siders), Greg Mankiw (New Keynesian conservatore), Carmen Reinhart and Kenneth Rogoff, ma naturalmente vi hanno aderito quasi tutti gli economisti e i politici.

Di seguito venne un'altra idea fondamentale:

L'INFLAZIONE, CHE È L'INCUBO DI TUTTE LE ECONOMIE, PUO' ESSERE LIMITATA CONTROLLANDO L'EMISSIONE DI DENARO ED EVITANDO LA PIENA OCCUPAZIONE.

Il primo concetto può apparire in teoria come plausibile, il secondo un po' meno. Tuttavia Milton Friedman, assieme alla sue nota Scuola di economia di Chicago e ai colleghi Carl Brunner e Alan Greenspan, diffuse queste idea con, di nuovo, un fine preciso: impedire ai governi di usare liberamente la loro emissione di denaro sovrano per una Spesa a Deficit Positiva che creasse la piena occupazione. Questi economisti ignorarono, convenientemente, i benefici comprovati dei deficit positivi e della piena occupazione e il fatto che anche in loro presenza si può controllare l'inflazione in diversi modi[13]. Perciò ottenerono che i lavoratori non fossero mai posti in una condizione di forte potere contrattuale con una occupazione piena, stabile e con buoni salari.

Di conseguenza, e poiché uno dei target da colpire nella riscossa delle elite erano proprio i lavoratori moderni e i loro diritti avanzati, dovettero ripescare dal passato un altro dogma economico sacro:

ABBASSANDO GLI STIPENDI SI OTTIENE LA PIENA OCCUPAZIONE.

Questa è una delle teorie economiche più devastanti che le elite riuscirono a imporre ai vari livelli di governo in tutto il mondo. Fu proposta in origine dall'economista A. Cecil Pigou nei primi del novecento, ma fu poi ripresa in era moderna da altri suoi colleghi come Gerard Debreu, Kenneth Arrow, Frank Hahn della scuola Neoclassica, e poi dalla scuola Austriaca di Ludwig Von Mises e Friedrich Hayek, dai New Keynesians come Greg Mankiw, e dagli strateghi Neoliberisti, fra cui gli italiani Alesina, Stagnaro, Mingardi, Savona e altri. Tutti costoro argomentarono che un'azienda assumerà più facilmente i lavoratori se potrà abbassare il costo dei salari. Ma ciò ignora di proposito uno dei più noti paradigmi economici, che dimostra che se si abbassano i salari si abbasserà anche il livello dei consumi degli stipendiati e questo ridurrà le vendite delle aziende con il crollo dei loro profitti, che di conseguenza causerà licenziamenti e cassa integrazione. Cioè l'esatto opposto di ciò che questi economisti prevedevano che sarebbe accaduto. Ma allora, erano così stupidi da non capirlo? Ovvio che no. Non dimentichiamoci che le elite di cui parliamo in questo saggio appartengono soprattutto al settore mega-industriale e ai giganti finanziari internazionali. A costoro importa nulla del destino delle piccole e medie aziende, e al contrario sono ben felici di pescare in una massa enorme di disoccupati e sottoccupati alla disperazione e dunque pronti ad accettare qualsiasi stipendio pur di lavorare. Questi sfortunati formano una nuova "armata di riserva dei disoccupati" (Marx) che permette alle elite di produrre a costi stracciati anche qui nelle nazioni ricche e quindi di poter competere sui mercati dell'export internazionale. È proprio questo l'elemento Neomercantile del piano, è questo che si intende per Neomercantilismo. Infine, e ci si arriva facilmente, è chiaro che il dogma di abbassare gli stipendi costituisce di nuovo un altro impedimento per i governi che avrebbero voluto applicare la Spesa a Deficit Positiva per ottenere la piena occupazione e stabilire in tal modo standard più alti per i salari minimi.

---

13   Si veda il MMT Primer su New Economic Perspectives at http://newe-conomicperspectives.blogspot.com/ , ma anche la Parte Tecnica nel saggio.

Come già accennato, uno dei target più complessi che le elite dovevano colpire e controllare era il potere legislativo degli Stati sovrani (quelli occidentali, poiché il pieno controllo del Terzo Mondo non era un problema). In ciò le differenze fra USA ed Europa erano cruciali. Gli Stati Uniti presentava un singolo governo con un'autorità economica centrale, mentre la UE era un conglomerato di genti e culture diverse, e di governi spesso assai litigiosi fra di loro. Cioè assai più complesso da controllare e sfruttare. Il processo di colonizzazione dell'America politica attraverso le idee sopraccitate poteva avvenire (ed avvenne) per mezzo di uno sforzo lobbistico e finanziario coordinato su larga scala. Un identico tentativo fu ritenuto troppo complicato e dispendioso se applicato all'Europa. Per cui questa è l'idea con cui agirono:

CI SARÀ UN'EUROPA UNITA GOVERNATA DA FUNZIONARI NON ELETTI E CONTROLLATI DA UNA RETE DI LOBBY FINANZIARIE E INDUSTRIALI. QUESTI FUNZIONARI NON ELETTI EMETTERANNO LEGGI CON POTERE SOVRANAZIONALE IN MODO DA SOTTRARRE IL POTERE REALE AI PARLAMENTI NAZIONALI. QUESTA NUOVA EUROPA SARA' DOTATA DI UNA UNIONE MONETARIA TOTALMENTE FUORI DAL CONTROLLO DEI GOVERNI SOVRANI E PRIVA DI UN'AUTORITÀ ECONOMICA CENTRALE.

Questa truffa fu 'venduta' agli elettori europei come un passo verso un futuro economico più brillante e un'Europa più civile. Nella UE la creazione dei trattati di Maastricht e di Lisbona – ratificati in legge nazionale da tutti gli Stati – ne ha di fatto abolito la sovranità legislativa. L'Europa vive oggi l'assurdo paradosso di avere una Commissione Europea potentissima che governa tutti con le sue direttive sovranazionali ma che nessun europeo elegge; e un parlamento europeo che è invece eletto dai cittadini ma che non può proporre le leggi (sic). I parlamenti nazionali sono di fatto evirati poiché i Trattati stabiliscono specificamente la supremazia delle leggi UE sia sulle leggi nazionali che sulle Costituzioni[14]. Un'analisi di quei Trattati dimostra senza dubbio che l'intero edificio fu creato per il beneficio delle elite finanziarie e grandi industriali, senza alcun capitolo sociale o sistema di ridistribuzione della ricchezza. La sovranità monetaria è distrutta dai Trattati, in accordo con le intenzioni originarie delle elite di impedire agli Stati di operare la Spesa a Deficit Positiva a favore dei cittadini. Nella UE ciò è stato ottenuto con l'introduzione dell'Euro, che è una moneta non sovrana emessa da 17 banche centrali e che deve essere presa in prestito da tutti i 17 governi dell'Eurozona. In prestito da chi? Dai mercati di capitali

---

14   Uno dei più autorevoli studi su questo è The Lisbon Treaty, the readable version, second edition, di Jens-Peter Bonde, Foundation for EU Democracy, 2009. Nella nota N. 59 c'è il testo legale di questo principio.

privati che direttamente acquisiscono l'Euro alla sua emissione. Ciò limita le prerogative economiche degli Stati quasi totalmente, con le conseguenze catastrofiche che oggi stiamo subendo (maggiori dettagli nel saggio). È qui che i potentissimi tecnocrati del Vecchio Continente giocarono un ruolo fondamentale nel tutelare gli interessi delle elite. I più noti fra loro sono stati: i francesi Jean Monnet, Robert Schuman, Francois Perroux, Jaques Attali, Jaques Delors, Francois Mitterrand, Valery Giscard D'Estaing, Jean Claude Trichet; gli italiani Giuliano Amato, Romano Prodi, Mario Draghi, Carlo A. Ciampi, Carlo Scognamiglio, Mario Monti, Tommaso Padoa-Schioppa, Marco Buti; in Germania Helmut Schmidt, Otmar Issing, Theo Weigel, Helmut Kohl; l'olandese Wim Duisenberg; e in Lussemburgo Jean Claude Juncker.

In conclusione possiamo vedere chiaramente che c'è un singolo elemento comune a tutte queste idee e dogmi economici: limitare le politiche economiche degli Stati al fine di impedirgli di operare la Spesa a Deficit Positiva a favore del settore non governativo dei lavoratori, delle piccole e medie imprese e dei cittadini in generale. In altre parole: uccidere la Gallina dalle Uova d'Oro che l'intera società civile avrebbe potuto possedere.

I primi attori

Il ritorno a un potere quasi assoluto delle elite, si è già detto, fu perfezionato dagli anni '70 in poi. Il loro scopo supremo era di frapporre un muro fra le funzioni sovrane delle democrazie dei cittadini e il potenziale di creazione di ricchezza della Moneta Moderna che queste democrazie avrebbero potuto usare nell'interesse pubblico. Tuttavia, il retroterra del moderno assalto delle elite contro il bene comune fu preparato nelle quattro decadi precedenti e deve essere spiegato se uno vuole comprendere tutti gli eventi successivi.

I primi attori si possono già trovare nell'intervallo fra la prima e la seconda guerra mondiale. In quegli anni le preoccupazioni più stringenti delle elite non erano di natura puramente economica, almeno non del tutto. Invece, il fenomeno che esse consideravano come più preoccupante per i loro piani era... la gente, noi, seguito naturalmente dalla nascita delle democrazie e degli Stati sovrani, come già detto. Giustamente le elite compresero che il singolo elemento meno controllabile nel quadro degli storici cambiamenti di quell'epoca erano le masse, che crescevano enormemente e che mostravano desideri democratici sempre crescenti, accompagnate dal progresso del socialismo. Gli Stati erano affrontabili: dopotutto a quei tempi i politici provenivano quasi esclusivamente dalle fila della classe dirigente elitista. Ma la gente no, doveva essere messa sotto controllo con fermezza e questo non era semplice in un'epoca che non avrebbe più tollerato i massacri, la tortura e la brutalità medievale senza limiti come metodi per controllare i popoli. A fornire le idee per l'ottenimento di questi scopi furono cinque uomini, eccoli.

Si chiamavano Walter Lippmann, Edward Berneys, intellettuali americani; Robert Schuman, Jean Monnet, Francois Perroux, politici ed economisti francesi. Negli anni compresi fra il 1920 e il 1945 essi, indipendentemente gli uni dagli altri, partorirono le idee per il ribaltamento di 250 anni di Storia. Ripeto: si doveva annientare il Tridente, esso era il pericolo assoluto per le moderne oligarchie assolutiste, cioè annientare Stati, leggi e cittadini. Questi ultimi erano la massa pachidermica che sedeva nel mezzo del loro percorso di riscatto, e alla sua neutralizzazione pensarono Lippmann e Berneys. Considerati al loro tempo come intellettuali 'progressisti', le cui idee arrivarono contigue persino all'amministrazione Kennedy, essi sapevano bene che i tempi delle baionette e della Cayenna erano finiti, ahimè, e altro bisognava inventarsi per riportare il popolo alla sua 'giusta' posizione ai margini. Lippmann si espresse senza mezzi termini nel definire chi siamo noi cittadini: dei "*meddlesome outsiders*"[15], ovvero degli outsider rompicoglioni. Nulla di meno: noi persone e famiglie eravamo ai suoi occhi un'appendice fastidiosa fra i 'cosiddetti' del Potere. Già nel 1914 questo uomo aveva lasciato scritto nelle pagine del suo *Drift and Mastery* come il crescente potere del popolo minacciasse l'ordine capitalistico. Fra l'altro, sarà proprio in occasione di una conferenza europea nel 1938 in cui Lippman era ospite d'onore che il termine Neoliberismo fu coniato per definire il gran riscatto dei liberisti economici messi in ombra dal Tridente fin dagli albori del XX secolo[16].

In Europa, Schuman e Monnet ricalcavano alla perfezione quei concetti quando sostenevano che il sistema futuro avrebbe dovuto essere una gerarchia di ordini con supremazia assoluta delle elite sulla "massa ignorante". Ma furono le idee dei due americani a fare il grosso del lavoro. Essi s'inventarono l'arma letale, quella che in pochi anni avrebbe realmente disabilitato la partecipazione democratica dei cittadini, intontendoli, drogandoli, eliminandoli dalla scena. Eccovi sfornate l'**Esistenza Commerciale** e la **Cultura della Visibilità** massmediatica, che erano le due ammiraglie dell'industria della fabbricazione del consenso per cui i due statunitensi sono passati alla Storia. Come si vedrà più avanti, questi concetti furono poi ripresi e rilanciati con assoluto vigore da altri uomini, per approdare a ciò che chiunque di noi oggi ha davanti a sé: masse inerti di cittadini che a milioni e milioni agiscono come robot la cui unica aspirazione è acquistare oggetti e adorare i ricchi e i famosi, anche quando le loro condizioni di vita obiettive sono ormai al limite della schiavitù, incapaci di un guizzo di attivismo persino quando sono minacciati dalla malattia terminale o

---

15   Lippmann, Walter, The Phantom Public, 1925.
16   The Historic Roots of the Neoliberal Program, John F. Henry, Journal of Economic Issues, Vol. XLIV, June 2010.

dalla distruzione delle sopravvivenza della specie. Dell'Esistenza Commerciale e della Cultura della Visibilità massmediatica sottolineo solo alcuni cardini, mettendo però in rilievo il micidiale coordinamento con cui agiscono: la prima porta gli individui a impiegare una fetta sempre crescente del loro tempo per acquisire mezzi per acquisire beni che gli acquisiscano autostima. Il motivo per cui vi è questo opprimente bisogno di confermare l'autostima sta nella seconda, che fin dalla più tenera età insegna ai cittadini che per Essere si deve essere Visibili, cioè contare, cioè essere 'qualcuno'. I Visibili possono, ottengono, sono amati da molti e rispettati, hanno personalità riconosciute, sono vincenti, gli è permesso tanto. I non visibili non sono, proprio non esistono, non contano, non hanno potere, di amore ne vedono pochissimo, sono indistinguibili, sono la ripugnante massa, essi pagano sempre tutto, non gli sono concesse scappatoie. E chi si sente la massa non si piace, poiché viene perennemente sospinto al paragone coi Visibili dal martellamento massmediatico. Questo gli distrugge l'autostima. Ma senza autostima un essere umano non respira, soffoca, farà di tutto per ottenerla, si sente cioè una nullità. Ed ecco che di nuovo torna in gioco l'**Esistenza Commerciale**, he sussurrerà all'orecchio degli invisibili che se si vestiranno in un certo modo, che con quell'auto, che frequentando quel locale o acquisendo oggetti a ripetizione, ma ancor più se riusciranno a far parlare di sé, essi si avvicineranno ai Vip, ai Visibili, e la loro autostima sarà risollevata dalla polvere della massa. Non è necessario qui elencare i conseguenti comportamenti di milioni di esseri umani, che si perderanno nello sfoggio di un certo paio di occhiali o nella corsa al denaro, persino nell'uso della violenza demenziale (uomini) e nell'umiliazione del proprio genere (le donne) pur di apparire o di esser citati una volta nella vita in Tv. Prede cioè senza speranza della trappola sopra descritta. Si aggiunga poi che, nello sforzo economico per accedere alle simulazioni di visibilità, gli individui s'impegneranno in ogni sorta di trappola finanziaria che in un circolo vizioso li incatenerà al sistema che li vuole annientare.

In questo processo le persone smarriscono ogni indipendenza di pensiero e di comportamento terrorizzate di perdere quel fittizio treno dell'autostima, ma soprattutto la loro energia mentale e di vita sarà quasi o spesso interamente assorbita, cioè annullata, da quello sforzo. La fine dei cittadini partecipativi. Oggi infatti, l'Italia che con mezzi di comunicazione rudimentali e governata da un monoblocco di potere ecclesiastico metastatizzato ovunque riuscì a ribaltare il proprio destino con divorzio e aborto, cioè l'Italia che partecipava, è un sogno talmente remoto che non è raro trovare giovani nati anni dopo che stentano a crederci. Oggi, nell'era dell'apatia istupidita di lavoratori e sindacati a fronte della precarizzazione del lavoro – attenzione: hanno precarizzato una condizione essenziale alla sopravvivenza dell'essere umano, esattamente come se ci avessero precarizzato i globuli bianchi, hanno cioè "reso plausibile l'inimmaginabile" – il fermento delle classi lavoratrici che permisero a Giacomo Brodolini e Gino Giugni di emanare in Italia il più avanzato Statuto dei Lavoratori di tutto l'Occidente (02/05/1970) sembra una fantasia. Oggi, a fronte dell'erosione degli stipendi reali in tutte le nazioni del G8 (negli USA ristagnano dal 1973 ininterrottamente) con picchi di povertà in crescita fino a oltre l'11% della popolazione, ben

12.000 miliardi di dollari sono stati regalati a una cricca di criminali bancari che ci ha appena rovinati (sono 800 finanziarie italiane messe assieme); ciò è accaduto senza che un singolo scontro fra cittadini e polizia avvenisse a Roma, New York o Berlino. Questo siamo noi ora, noi "meddlesome outsiders". In altre parole, il piano Lippmann e Berneys ha trionfato: siamo ai margini, inebetiti, ci hanno eliminati. Non so se i lettori si rendono conto della gravità di questo.

Mancavano le altre due punte del Tridente, gli Stati e le leggi. Qui fu il piano di Robert Schuman e Jean Monnet a portare un tocco assai più micidiale al progetto delle elite internazionali. Specificamente, i due economisti francesi curavano gli interessi di un conglomerato industriale franco--germanico (che si badi bene è ancora oggi il padrone di fatto dell'Europa, colui che ne guida i destini), il quale mirava a dominare le industrie europee imponendo il proprio volere in Italia, Portogallo, Spagna, nei Paesi scandinavi e nel Benelux. Costoro sognavano negli anni precedenti la seconda guerra mondiale una struttura continentale dove grandi masse di lavoratori sottopagati, fluttuanti in vari Stati i cui governi lasciavano briglia sciolta al business senza troppo interferire, garantissero costi di produzione bassi rendendo quel blocco economico una potenza mondiale delle esportazioni. Neomercantilismo puro e semplice. Naturalmente, al fine di rendere in stato di quasi schiavitù quei lavoratori occorreva mettere in pratica una serie di misure economiche atte a mantenere bassa l'inflazione (cioè impedire agli Stati sovrani di spendere a deficit a favore del popolo), a soffocare i consumi dei cittadini e creare quindi deflazione (cioè pochi spendono e i prodotti rimangono invenduti sui mercati), e a tenere tutti in un perenne stato d'incertezza economica attraverso finzioni e falsi allarmi. Infine, la cosa più importante era di arrivare a esautorare i governi stessi, renderli più piccoli e ricattabili. Ma per fare cose di questa posta, particolarmente nel pieno dell'epoca del trionfo delle democrazie partecipative, si rendeva necessario un piano epocale di una intelligenza al limite del diabolico. Lo ottennero. Esso porterà il nome di **Unione Europea** e **Unione Monetaria Europea**.

Non per nulla fu proprio dal cosiddetto 'piano Schuman' che nascerà nel 1951 la prima forma larvale di unione europea, cioè la CECA (Comunità europea del carbone e dell'acciaio). Ma come già accennato,

l'elemento cruciale di questa strategia era di privare gli Stati della loro sovranità monetaria, della 'Gallina dalle Uova d'Oro', e dunque ecco spuntare il quinto uomo nella preparazione del piano Neoclassico, Neomercantile e Neoliberista: l'economista francese Francois Perroux.

Avete un'idea di quando furono pensati l'euro e la Banca Centrale Europea (BCE)? Sapete con quale finalità esatta? Sappiamo che il trattato fondamentale della moderna Unione Europea è quello di Maastricht del 1993. Esso mise le basi anche per la futura moneta unica. Possiamo allora immaginare che furono gli anni '80 a partorire l'euro e la BCE? No. Euro e BCE furono il parto della pianificazione di Francois Perroux nel 1943. La motivazione? Quella che ci hanno venduto solo pochi anni fa politici e giornalisti è stata l'ovvia menzogna della creazione di una moneta forte come sfida all'egemonia del dollaro. Nella realtà lo scopo era diametralmente opposto: Perroux, e altri che vedremo fra poco, volevano togliere agli Stati il potere di gestire la propria moneta sovrana come condizione essenziale per distruggerli, perché senza la capacità di emettere moneta "lo Stato perde interamente la sua ragion d'essere"[17]. Vale la pana citare qui una frase detta da uno dei padri dell'Euro, il francese Jacques Attali, all'economista Alain Parguez durante un incontro privato, e che Parguez mi ha personalmente riferito. Attali sbottò "E cosa credeva la plebaglia europea, che l'Euro fosse e stato fatto per la loro felicità?". Se poi a questa frode drammatica, del tutto avveratasi l'1 gennaio 2002 nei 17 Stati più ricchi d'Europa, si aggiunge anche l'idea dei pianificatori di creare corpi sovranazionali col potere di imporre leggi, regole e ricatti di ogni sorta e tipo agli Stati e ai loro parlamenti e/o sistemi giudiziari, col potere persino di scavalcare le Costituzioni degli Stati – divenuta realtà con l'Unione Europa, il Trattato di Lisbona, l'Organizzazione Mondiale del Commercio – allora diviene chiaro come essi furono in grado di portare a compimento un disegno egemonico che appariva grottescamente impossibile anche solo 40 anni fa. Appare chiaro come riuscirono a distruggere le rimanenti due punte del Tridente, cioè gli Stati e le leggi.

Va ricordato ai lettori che in quelle decadi fatidiche che vanno dagli anni '20 del XX secolo agli anni '50, mentre i sopraccitati ordivano ciò che sappiamo, il mondo occidentale viveva al contrario proprio lo sbocciare d'idee e di sistemi

---

17   The Tragic and Hidden History of the European Monetary Union, Alain Parguez, 2009.

economici perfettamente conseguenti al progressivo trionfo del Tridente per 250 anni consecutivi. Furono gli anni delle nascite degli Stati sociali, il welfare, dell'organizzazione in massa del sindacalismo, dell'intervento dello Stato nelle economie per creare ricchezza, ed è superfluo citare il New Deal di Roosevelt negli USA o le grandi nazionalizzazioni in Europa. Ma si ricordi anche il tentativo di riscossa dei Paesi del Terzo Mondo che passò dagli esordi della conferenza dei Paesi non allineati a Bandung nel 1955, alla nascita in sede ONU del New International Economic Order nel 1974, cioè lo scatto di dignità del Sud del mondo per difendere i diritti fondamentali dei poveri e riacquisire le loro ricchezze naturali depredate in secoli di colonialismo. A fornire un impianto scientifico economico a questo fermento eccezionale erano le idee in particolare di un economista inglese di nome John Maynard Keynes. Keynes aveva partorito veramente un altro mondo possibile, aveva pensato a tutto con una competenza e con un rigore accademici encomiabili, ed ebbe giustamente un grande successo per qualche anno in buona parte del mondo, influenzando schiere di economisti e relativi governi. Per esempio, Keynes aveva immaginato la creazione di un'organizzazione mondiale per regolamentare i commerci chiamata International Trade Organization (ITO), una banca centrale mondiale chiamata International Clearing Union (ICU), e una valuta per i commerci da estendere a tutti i Paesi chiamata Bancor. In breve: l'ITO metteva al centro dei suoi principi la piena occupazione e lo sviluppo sociale, non solo i profitti, riconoscendo la Carta dell'ONU; gli standard lavorativi migliori erano da rispettare ovunque; gli investimenti esteri venivano disgiunti dal ricatto politico; le nazioni povere potevano usare il protezionismo per difendere le proprie economie fragili, mentre i ricchi non potevano più truccare i prezzi dei propri prodotti agricoli con i sussidi di Stato che tagliano le gambe ai produttori del Sud che non li possono avere. Ma ancor più geniale era il funzionamento dell'ICU e del Bancor. Come sapete, una delle più gravi storture delle economie viene soprattutto dal fatto che ci sono Paesi che vendono tanto ma importano poco, e quelli che vendono poco ma devono importare tanto. I primi incassano troppi risparmi, i secondi s'indebitano fino alla rovina in certe condizioni. Keynes aveva la soluzione per questo problema: il Bancor diveniva la moneta obbligata per gli scambi commerciali, e tutte le nazioni alla fine dell'anno avrebbero portato i propri conti alla ICU; quelle che avevano venduto troppo e comprato troppo poco erano multate, e così quelle che avevano fatto il contrario; ma la novità era che venissero punite anche le prime, e aveva senso, perché esse non comprando finivano per impoverire altri Paesi che di conseguenza non vendevano. La soluzione per i multati era virtuosa: chi comprava troppo poco correva a comprare da chi vendeva troppo poco, e viceversa. Pareggio. Come si può capire, il modello Keynesiano era basato sul principio sacrosanto che l'interesse della collettività viene sempre per primo, conviene a tutti. In particolare poi, egli sposava appieno la teoria della spesa a deficit dello Stato a moneta sovrana come arricchimento dei cittadini.

Ma la sconfitta del nuovo mondo possibile di Keynes era segnata. Essa trovò il suo inizio in un evento di grande rilevanza economica mondiale, cioè la conferenza per gli assetti monetari internazionali di Bretton Woods del 1944. Senza dilungarsi nei dettagli, basti sapere che essa decreterà la fine del gold standard (sistema aureo) per diverse monete nel mondo eccetto che per il dollaro che rimase convertibile in oro, mentre le altre monete venivano agganciate ad esso (il gold standard è in vigore quando una moneta può essere convertita in oro su richiesta del cittadino in qualsiasi momento, letteralmente uno può recarsi in banca ed esigere un pezzetto di oro per le banconote che ha in tasca – essere agganciati al dollaro significa che una data unità della propria moneta viene cambiata sempre per lo stesso valore in dollari). Seduti al tavolo negoziale uno di fronte all'altro vi erano John Maynard Keynes e l'economista americano Harry Dexter White, ovvero due mondi inconciliabili, due visioni dell'umanità all'opposto, due destini per tutti noi totalmente diversi. Keynes ne uscì sconfitto, con l'innesco di un effetto domino che ne emarginerà le idee progressivamente nei successivi trent'anni fino alla loro sparizione, lasciando la strada libera al devastante progetto di Lippmann, Berneys, Schuman, Monnet e Perroux.

Ma questo periodo vide anche la nascita di un altro gruppo di eminenti prelati della riscossa delle elite e che non possono essere tralasciati. Si devono citare Ludwig von Mises e Friedrich von Hayek (il celebrato autore di The Road to Serfdom), Jacques Rueff, Raymond Aaron fra gli altri, e va ricordata la loro prima 'chiesa' europea che si chiamò Mont Pèlerin Society nel 1947. Ciò che avevano in comune era un'avversione per qualsiasi cosa assomigliasse a un intervento statale in economia e per qualsiasi cosa avesse detto e scritto John Maynard Keynes, che odiavano. Detto ciò, si noti che già allora il loro approccio alle funzioni dello Stato era impregnato di quello che oggi conosciamo come "Lemon Socialism" (Krugman, 2009): in esso i governi devono intervenire solo per mantenere un ordine sociale a vantaggio del Libero Mercato, e in particolare per salvare dalla bancarotta le elite quando esagerano nei loro giochi finanziari criminosi, attraverso iniezioni massicce di denaro pubblico (inteso non come denaro da tasse, ma denaro che i ministeri del Tesoro avrebbero potuto impiegare per spese a favore dei cittadini).

Il *piano* accelera esponenzialmente.
Nasce il Piano di Contiguità

È vero che le idee permettono il potere, ma, parafrasando Oscar Wilde, "*con un piccolo aiuto da altri*". E l'aiuto arrivò sotto una forma scontata per idee che servivano gli interessi dei super ricchi: denaro. Ma non vagonate di soldi brutalmente versati nelle casse di quei pensatori, bensì qualcosa di estremamente sofisticato che mirava a due goal: primo, ovviamente raccogliere fondi, ma soprattutto diventare influenti coi politici e infiltrare il mondo universitario dove la 'vera' struttura di comando dei governi veniva istruita. Si faccia attenzione che quanto segue spiega come sia accaduto che i dogmi economici delle elite siano divenuti di fatto una religione mondiale oggi incontrastata.

Esse compresero che gli elementi che realmente gestiscono il potere nei governi non sono i politici noti, ma piuttosto la retroguardia composta dai tecnocrati e dai consiglieri. I politici, pensarono, dovevano rendere conto agli elettori, e almeno in teoria erano limitati da una serie di preoccupazioni sociali; non potevano rubare sfacciatamente al pubblico i suoi diritti e le sue risorse. Ma la retroguardia non aveva nessuno di questi problemi e poteva sfornare una serie di principi economici per fare il lavoro sporco, **camuffandoli però da necessità economiche ineludibili o addirittura da misure virtuose.** I politici avrebbero presentato le scelte impopolari come sacrifici purtroppo inevitabili dettati dalla giusta scienza economica che i tecnocrati e i consiglieri certificavano come autorevoli e persino vitali. Per tutto questo, la prima cosa da fare da parte delle elite era di infiltrare le università dove la retroguardia del potere veniva allevata.

Vedremo più avanti come questo piano fu articolato e da chi.

Non si può qui omettere la deflagrazione del secondo conflitto mondiale, che mise in pausa la pianificazione Neoclassica, Neomercantile e Neoliberista. Interessante notare però che in questi anni tragici sia le dittature europee che i Paesi liberi coinvolti abbracciarono politiche economiche che poco avevano a che fare con i subdoli dogmi economici che le elite lottavano per imporre.

Ma torniamo a noi. Per infiltrare il mondo accademico e dunque le menti delle eminenze grigie che siedono nei ministeri dei nostri governi, le elite immaginarono quello che potremmo chiamare un **Piano di Contiguità**. Significa che misero in piedi delle strutture contigue alle università che finanziassero l'istruzione superiore, la formazione, la ricerca e le borse di studio dei migliori rampolli nelle facoltà di scienze politiche ed economia, ma che erano anche in grado di lanciare campagne di informazione di massa per influenzare l'opinione pubblica. Queste strutture si composero di due parti: le **Fondazioni** e le **Think Tanks** (traduz. Serbatoi di Pensiero). Le prime sono un misto di entità per la raccolta di fondi e centri culturali, le seconde sono di solito puramente gruppi di ricerca. Alcuni nomi in America dalle origini in poi: la Rockefeller Foundation, il William Volker Fund, la Olin Foundation, il Freedom Network and l'Atlas Research Foundation, l'American Enterprise Institute, il Cato Institute; poi le fondazioni Coors, John M. Ohlin, Sarah Scaife, Smith Richardson, Henry Salvatori, Carthage, Heritage and Earhart; l'Acton Institute, il Washington Policy Center, il Manhattan Institute for Policy Research. In Europa: nel Regno Unito, l'Institute of Economic Affairs, il Centre for Policy Studies, l'Adam Smith Institute, lo Stockholm Network, il Bruges Group, l'International Policy Network. La potente Mont Pèlerin Society in Svizzera; il CUOA, Acer, CMSS, Bruno Leoni, Prometeia e Nomisma in Italia; in Francia, l'Association pour la Liberté Economique, Eurolibnetwork, l'Institut de Formation Politique; in Germania: l'Institut fuer Wirtschaftsforschung Halle, l'Institut fuer Weltwirtschaft, e l'Institut der Deutschen Wirtschaft Köln fra i maggiori.

E così riversarono i dogmi Neoliberali e Neoclassici là dove contava. Due nomi da ricordare in questo contesto sono quelli dei monetaristi neoliberali Milton Friedman, statunitense, e Karl Brunner, svizzero naturalizzato americano. Che fossero monetaristi è importantissimo da sottolineare, perché i lettori devono capire che la gestione della moneta è di fatto il cervello di tutta l'economia, e chi ne decide i destini decide le sorti del mondo. Brunner, che apparteneva alla Mont Pèlerin Society, ebbe un ruolo decisivo nel colonizzare l'Europa che ancora viveva sotto l'influenza di Keynes con le idee diametralmente opposte per il nuovo dominio delle elites, cioè le idee del neoliberismo. Quando vi chiedete "*ma come hanno fatto a convincere politici e ministri, giornalisti, docenti e studenti a obbedire?*", una delle risposte è Brunner. L'evento chiave della strategia fu la sua conferenza di Konstanz sulla teoria monetaria (1970), che mirò proprio a indottrinare i leader europei contro Keynes, e a "migliorare" la qualità dell'insegnamento di economia nelle università europee, specialmente quelle tedesche e svizzere, poiché l'ideologo denunciava "*un gap nella qualità della ricerca e dell'insegnamento in Europa rispetto agli Stati Uniti*"[18]. Milton Friedman, insignito del Nobel per l'economia, fondò una scuola di pensiero Neoliberista passata alla Storia come "The Chicago Boys", dall'università dove la sua fucina lavorava. Era un uomo particolare, direi diviso in due: da una parte stava quello che era capace di abbracciare idee sociali avanzate come la depenalizzazione delle droghe, dall'altra lavorò come nessun altro per infliggere al mondo gli orrori del Libero Mercato, e cioè le deregolamentazioni selvagge, le privatizzazioni selvagge e una impietosità selvaggia per le sofferenze di milioni di esseri umani. Lo troveremo consigliere di Augusto Pinochet in Cile mentre le camere di tortura lavoravano a turni di 24 ore, e nome di punta del Progetto Omega dell'Adam Smith Institute di Londra, che teorizzò proprio la distruzione dei governi (il loro "*rimpicciolimento*").

La loro opera, e quella delle Fondazioni e Think Tanks, ebbe un considerevole successo, quasi completo. Cito lo storico dell'economia John F. Henry: "*Oltre a finanziare lo sviluppo di programmi specifici e di curricula, oltre a promuovere la ricerca per il laissez faire in economia, le Fondazioni per il Libero Mercato sponsorizzarono master e borse di studio in legge, economia, scienze politiche e affari sociali... Promossero cattedre universitarie, libri e progetti. Una volta formulate, le prescrizioni di politica e la loro anima da Libero Mercato vengono comunicate non solo ai funzionari di governo, ma anche al pubblico attraverso i grandi media e i giornalisti che quelle Fondazioni sponsorizzano*"[19].

Una di queste fondazioni merita un breve approfondimento: è la Heritage, americana. Fu un giovane sconosciuto attivista di destra a porre la prima pietra, Ed Feulner a Washington. Feulner è uno degli uomini chiave che sostituirà le eliche del progetto di distruzione di Stati, leggi e cittadini per dotarlo di turbine a jet. Considerava Friedrich Hayek e la sue influente Mont Pèlerin due lumache, e si inventò il marketing moderno delle idee da sparare in primo luogo attra-

---

18   Philip Mirowsky, Dieter Plehwe, The Road from Mont Pèlerin, Harvard Univ. Press, 2009.
19   John F. Henry, The Ideology of the Laissez Faire Program, Journal of Economic Issues, Vol. XLII, March 2008.

verso i mass media da giornalisti prescelti (da noi i vari Furio Colombo, Piero Ostellino o Gianni Riotta…), e poi comprese che se si volevano manipolare i politici bisognava imboccarli. Sì, proprio così, cioè preparargli dei bocconcini ideologici sulle questioni chiave dell'economia facili da mandar giù, rapidi da assimilare, quelli che lui stesso definì *"concetti politici sintetici per legislatori che vanno di fretta"*[20]. Da qui al diventare forse la più influente fondazione del mondo passò poco e la Heritage partorì alla fine degli anni '70 il percorso stampato per le politiche economiche di Ronald Reagan, cioè per tutti noi, col nome di *Mandate for Leadership*. E' difficile riuscire a rendere per i lettori l'idea di quanto potenti e infiltranti furono quelle idee, fin sulle soglie delle case italiane anche delle più lontane province.

Ma tornando ai *"concetti politici sintetici per legislatori che vanno di fretta"*, il problema era che qualcuno li doveva poi recapitare quei concetti ai politici prescelti. Ed ecco nascere le versioni moderne delle famose lobby, la cui importanza nella vita pubblica di oggi non può essere ignorata, così come il contributo che diedero al successo del piano Neoclassico, Neomercantile e Neoliberale. Per sottolineare quanto appena detto bastano alcuni dati: Washington è infestata dai lobbisti, dai 16 ai 40 mila all'anno a seconda delle sedute del Congresso, con un budget di circa 3 o 4 miliardi di dollari annui. Nella UE, e specificamente nel suo centro di potere di Bruxelles, all'incirca 15-20 mila di questi uomini e donne vagano per i corridoi della Commissione Europea con 1 miliardo di euro da spendere. Negli Stati Uniti la lobbistica è talmente parte delle vita pubblica che si può affermare che chiunque sia qualcuno laggiù fa lobbying, dalla American Banking Association, alla Housing Finance Alliance o la Private Investor Coalition e la US Chamber of Commerce. Tutta Wall Street da cima a fondo fa lobbying furiosamente, e i lobbisti sono impiegati da organizzazioni diverse come la National Rifle Association, la Christian Coalition, l'American Israel Public Affairs Committee, e dai grandi sindacati, gruppi di genere, tutte le industrie ecc. In Europa invece le lobby si sono organizzate in gruppi registrati, e quelli di gran lunga più potenti sono le lobby finanziarie e di business. Nomi come il Trans Atlantic Business Dialogue, la European Roundtable of Industrialists, il Liberalization of Trade in Services Group, la European Banking Federation, la European Employers Association oppure Business Europe sono ascoltatissimi a Brussell. Per darvi solo un esempio significativo, ogni anno il Trans Atlantic Business Dialogue sottopone ai tecnocrati di punta della UE una lista di suoi desiderata e si aspetta che un'obbediente Commissione Europea gli riferisca

---

20   Philip Mirowsky, Dieter Plehwe, The Road from Mont Pèlerin, Harvard Univ. Press, 2009.

quali progressi sono stati fatti per soddisfarli[21].

Riassumendo, fu questo Piano di Contiguità che attraverso una rete di istituti per la formazione post universitaria e per il finanziamento delle future classi dirigenti permise alle elite di colonizzare con le loro idee i cervelli che contavano. Quelli che poi noi cittadini troviamo in posizione chiave di potere alle spalle dei politici di facciata, i quali altro non possono fare se non seguire i loro diktat.

Il risultato di ciò fu, ed è tuttora, la nascita di una classe dirigente mondiale, i *"Globocrati"*, che di fatto vive sotto l'egida delle elite Neoclassiche, Neomercantili e Neoliberiste e che ormai pensa con la medesima mente. E agisce per i medesimi scopi. Per comprendere meglio questa potentissima amalgama indistinta e per non essere tacciati di essere teorici del complotto (una delle sfortunate produzioni del mondo Internet), vi propongo di esaminare i *Club* in cui questi "Globocrati" si riuniscono annualmente per discutere le tendenze economiche e politiche del periodo. Non sono molti, e solo quattro di essi val la pena citare: il segretissimo Bilderberg fondato nel 1954, la Commissione Trilaterale del 1973, Il World Economic Forum di Davos in Svizzera nato nel 1971, e l'Aspen Institute del 1950. Per oltre sessant'anni tutti i più potenti personaggi del mondo (troppi da menzionare tutti) hanno gravitato attorno a queste organizzazioni, e in esse hanno contribuito in modo decisivo al ritorno al potere delle elite di cui questo saggio parla. Eccovi di seguito una lista di costoro con relativa appartenenza a uno o più di questi *Club*:

Peter Sutherland (ex WTO chief, dirigente Goldman Sachs, ex Commissione UE, Bilderberg), David Rockefeller (Trilateral Commission, Bilder.), Paul Volcker (ex FED chief, Aspen Institute, Trilat., Bilder.), Leon Brittan (ex Commissione UE, Trilat.), Henry Kissinger (ex gov. USA., Aspen, Trilat., Bilder., World Economic Forum), John Micklethwait (Direttore di The Economist, Bilder.), Zbigniev Brzezinski (ex gov. USA, ex Trilat.), Condoleezza Rice (ex gov. USA, Aspen, Trilat., Bilder.), Henry Paulson (ex gov. USA, Bilder.), Edmond de Rothschild (Bilder.), Ben Bernanke (FED chief, Bilder.), Bill Clinton (WEF), Etienne Davignon (ex Commissione UE, Bilder.), Larry Summers (ex gov. USA, Bilder.), John Negroponte (ex diplomatico USA, Trilat.), Karel de Gucht (Commissione UE, Bilder.), Jean Claude Trichet (ECB chief, Bilder.), Timothy Geithner (US Treasury Sec., ex Trilat., Bilder.), Carl Bildt (Min. Esteri svedese, Trilat., Bilder.), George Soros (WEF), Joaquin Almunia (Commissione UE, Bilder.), Carlos Ghosn (CEO Renault, WEF), George Papaconstantinou

21   Paolo Barnard, I Globalizzatori, Report, RAI TV, RAI3, 2000.

(ex Min. Finanze Grecia, Bilder.), Peter Brabeck Letmathe (Nestlè chairman, WEF), José Zapatero (Premier Spagna, Bilder.), Cynthia Carroll (Anglo American CEO, WEF), Josef Ackermann (Deutsche Bank CEO, Bilder.), Neelie Kroes (Commission UE, Bilder.), Christine Lagarde (IMF Chief., Bilder.), Bill Gates (Bilder.), Donald Graham (Editore Washington Post, Bilder), Robert Zoellick (Pres. World Bank, Bilder.), John Elkann (chairman Fiat, Aspen, Trilat., Bilder.), Paolo Scaroni (ENI CEO, Bilder.), Roberto Poli (ENI, Aspen), Mario Draghi (Banca d'Italia, Bilder.), Mario Monti (Univ. Bocconi, ex Commissione UE, Aspen, Trilat., Bilder.), Piero Gnudi (ENEL, Aspen), Fulvio Conti (ENEL, Bilder.), Riccardo Perissich (IAI, Aspen), Gianfelice Rocca (Techint, Aspen, Trilat., Bilder.), Angelo Maria Petroni (Sole 24 Ore, Aspen), Giacomo Vaciago (ex Citibank, Aspen), Carlo Secchi (Bocconi, ex UE, Trilat.), Giulio Tremonti (Min. Tesoro, Aspen), Fedele Confalonieri e Franco Frattini (Aspen), Domenico Siniscalco (vice di Morgan Stanley, Bilder.), Ferdinando Salleo (Mediocredito, Trilat.), Lucia Annunziata (Aspen), Tommaso Padoa-Schioppa (scomparso, ex FMI, ex Fiat, Bilder.), Emma Marcegaglia (Aspen), Pierfrancesco Guarguaglini (Finmeccanica, Trilat.), Enrico Letta (ex gov. Prodi, Aspen, Trilat.), Corrado Passera (Intesa, Aspen), Carlo Scognamiglio (ex gov D'Alema, Aspen), Marco Tronchetti Provera (Pirelli, Trilat.), Franco Bernabè (Telecom, Bilder.), Franco Venturini (Corriere, Trilat.), Paolo Mieli (Aspen), Romano Prodi (Aspen, Bilder.), Giuliano Amato (oggi Deutsche Bank, Aspen), Paolo Savona (Banca di Roma, Aspen).

Non ufficialmente, alcune fonti citano Francesco Giavazzi, Ferruccio De Bortoli, Rodolfo De Benedetti come membri del Bilderberg Group. Nessun bisogno di commentare oltre.

Ora torniamo alla nostra narrazione, perché in questi anni, e siamo ormai alla soglia degli anni '70, quattro intellettuali seppero offrire contributi al piano delle elite che ne accelereranno il successo come nulla prima.

Il grande balzo in avanti

Una mattina dell'estate del 1971 Eugene Sydnor Jr. della Camera di Commercio degli Stati Uniti aveva sollevato la cornetta del telefono e aveva fatto un numero. All'uomo che rispose fu semplicemente detto di stilare il Decalogo della riscossa finale, la riscossa di chi già ben sappiamo. L'impazienza si era impadronita di loro, bisognava correre, perché sia negli USA che in Europa, e in particolare in Francia e in Italia, le sinistre radicali stavano debordando fuori controllo. L'avvocato Lewis Powell era l'uomo che aveva risposto a quella chiamata. Egli fu un altro e importantissimo acceleratore del piano per annullarci e sottoporci a sofferenze di vita inutili e volute a tavolino, mentre Stati sempre più intimiditi stavano a guardare obbedienti. Powell scrisse il suo *Memorandum*[22], dove in sole 11 pagine egli dettò quanto segue.

La diagnosi: "(Noi delle destre economiche) *non ci troviamo di fronte ad attacchi sporadici. Piuttosto, l'attacco al Sistema delle corporations è sistematico e condiviso*". C'è una "*guerra ideologica contro il sistema delle imprese e i valori della società occidentale*". Le regole di guerra sono: primo, tornare a controllare i governi perché "*pochi elementi della società americana di oggi hanno così poca influenza sul governo come il business, le corporazioni, e gli azionisti... Non è esagerato affermare che... siamo i dimenticati*". Al fine di validare questa sua affermazione, Powell cita uno degli economisti Neoliberisti più potenti di sempre, Milton Friedman, che aveva sentenziato: "*È chiarissimo che le fondamenta della nostra società libera sono sottoposte a un attacco su larga scala e potente – non*

22   http://reclaimdemocracy.org/corporate_accountability/powell_memo_lewis. html

da parte dei comunisti o da altri complotti, ma da sciocchi che si imitano come pappagalli e che nutrono un disegno che non avrebbero mai condiviso intenzionalmente". Powell concorda: una grande parte dell'attacco veniva condotto da elementi ordinari della società americana, non tanto dai comunisti o da altri estremisti della sinistra, infatti scrisse che *"Le voci più inquietanti (...) provengono da elementi assai rispettabili della società, come i campus universitari, le chiese, i media, gli intellettuali, i giornali letterari, ma anche dalle arti e dalle scienze, e dai politici".*

Le destre dovranno capire che *"la forza sta nell'organizzazione, in una pianificazione attenta e di lungo respiro, nella coerenza dell'azione per un periodo indefinito di anni, in finanziamenti disponibili solo attraverso uno sforzo unificato, e nel potere politico ottenibile solo con un fronte unito e organizzazioni nazionali".* Ovvero, trasformarsi in un esercito di attivisti di micidiale efficacia. Il Piano di Contiguità naturalmente deve essere incluso, poiché *"L'assalto al sistema delle imprese non fu condotto in pochi mesi (...) e c'è ragione di credere che l'università è la sua singola fonte più dinamica".* Le soluzioni: *"Stabilire uno staff di docenti qualificatissimi nelle scienze sociali che credano fermamente nel sistema".* E di più: *"Questi docenti dovranno valutare i testi di scienze sociali, specialmente in economia, scienze politiche, e sociologia",* e *"Dovremo godere di un rapporto privilegiato con le influenti scuole di business".*

Nel 1971, all'epoca degli sforzi di Powell, i media erano già centrali ai giochi del Vero Potere, ma non come esso avrebbe voluto. E l'avvocato neppure qui si perse in giri di parole: *"Le televisioni dovranno essere monitorate costantemente nello stesso modo indicato per i libri di testo universitari. Questo va applicato agli approfondimenti Tv, che spesso contengono le critiche più insidiose al sistema del business".* La stampa e la radio non sfuggono: *"Ogni possibile mezzo va impiegato... per promuoverci attraverso questi media";* né le riviste popolari, dove *"vi dovrà essere un costante afflusso di nostri articoli";* né le edicole, dove *"esiste un'opportunità di educare il pubblico e dove però oggi non si trovano pubblicazioni attraenti fatte da noi".* Powell prescrisse qui il boom, realmente poi avvenuto, dell'editoria popolare strabipante di rappresentazioni positive dell'Esistenza Commerciale e della Cultura della Visibilità. E poi, naturalmente, gli sponsor: chi lavorava al progetto di fermare la Storia doveva essere *"pagato allo stesso livello dei più noti businessmen e professori universitari",* perché *"le nostre presenze nei media, nei convegni, nell'editoria, nella pubblicità, nelle aule dei tribunali, e nelle commissioni legislative, dovranno essere superbamente precise e di eccezionale livello".* La conseguenza di questi semplici concetti sarà enorme: nacque così il mondo delle lobby moderne del potere economico, quelle che oggi eleggono i deputati pagandogli le campagne elettorali, prima che li eleggiamo noi cittadini, perché *"il business deve imparare che il potere politico è indispensabile, che deve essere coltivato con assiduità, e usato in modo aggressivo se necessario, senza imbarazzo"*. E poi: *"Chi ci rappresenta deve diventare molto più aggressivo... deve far pressione con forza su tutta la politica perché ci sostenga, e non dovremo esitare a penalizzare chi a noi si oppone"*.

Va detto che non ci è possibile sapere l'esatto grado di complicità che Powell personalmente fornì ai manovratori del piano Neoclassico, Neomercantile, e Neoliberista, ma due cose sembrano certe: primo, le sue parole descrivono con incredibile precisione tutto ciò che accadde dopo, e cioè il controllo delle elite nelle università, nei media e nella politica. Secondo, dogmi della propaganda Neoliberista che mirava a demonizzare qualsiasi ruolo centralizzato dei governi nella gestione pubblica. Ad esempio: *"Non c'è consapevolezza del fatto che l'unica alternativa alla libera impresa sono vari gradi di regolamentazione burocratica della libertà individuale – che va da quella imposta dal socialismo moderato al pugno di ferro delle dittature di sinistra o di destra"*. Beh, possiamo oggi affermare con chiarezza che la presente crisi finanziaria ci ha ampiamente dimostrato che cosa la **mancanza** di regolamentazione burocratica della libertà individuale e la libera impresa hanno fatto a milioni di famiglie, lavoratori, aziende e a intere nazioni.

Quattro anni dopo, altri tre uomini scattarono sulla pista della gara per il ritorno delle elite, e presero il testimone che fu di Lippmann, Berneys, Schuman, Monnet, Perroux, Hayek, Brunner, Friedman e Powell, per consegnarlo nelle mani di coloro cui fu dato l'incarico di portare il Cavallo di Troia del Più Grande Crimine dentro i parlamenti delle maggiori democrazie del mondo: Margaret Thatcher, Ronald Reagan, Helmut Kohl e Francois Mitterrand. I tre di cui si parla rispondono al nome di Samuel P. Huntington, Michel J. Crozier e Joji Watanuki, un americano, un francese e un giapponese. L'incarico lo ricevettero dalla Commissione Trilaterale: nasce nel 1973 quando un drappello di *"Globocrati"* esce dal gruppo Bilderberg che si opponeva all'inclusione dei giapponesi nelle sue fila (il Bilderberg si occupava di affari NATO e non gli andava che i nipponici ficcassero il naso negli affari militari occidentali). Fra i suoi circa 400 membri sono passati Henry Kissinger, Jimmy Carter, David Rockefeller, Zbigniev Brzezinski, Edmond de Rothschild, George Bush Sr., Dick Cheney, Bill Clinton, Alan Greenspan, Peter Sutherland, Takeshi Watanabe; Paul Volcker, Leon Brittan, John Negroponte, Condoleezza Rice, Timothy Geithner, Carl Bildt, e molti altri fra cui gli italiani citati in precedenza; più un gruppo vario di istituti finanziari, di corporations e di Fondazioni, fra cui Goldman Sachs, Banque Industrielle et Mobilière Privée, Japan Development Bank, Mediocredito Centrale, Bank of Tokyo-Mitsubishi, Chase Manhattan Bank, Barclays, Royal

Dutch Shell, Exxon, Solvay, Mitsubishi Corporation, The Coca Cola co., Texas Instruments, Hewlett-Packard, Caterpillar, Fiat, Dunlop, the Bill & Melinda Gates Foundation, the Brookings Institution, the Carnegie Endowment, ecc.

Huntington, Crozier e Watanuki stilarono un rapporto con ancora idee, strategie e dettami, ma questa volta la sofisticatezza delle 227 pagine del loro *The Crisis of Democracy* dà i brividi. Vi si legge letteralmente tutto ciò che ci hanno fatto accadere per disabilitarci. Il titolo stesso è ingannevole, poiché non si tratta di **riparare** le democrazie partecipative, come sembrerebbe suggerire, ma di distruggerle. Infatti il rapporto dichiara senza mezzi termini che "*alcuni dei problemi di governo negli Stati Uniti di oggi derivano da un 'eccesso di democrazia' (…) C'è bisogno invece di un grado superiore di moderazione nella quantità di democrazia*". E naturalmente il diritto 'divino' delle elite di governare noi gente comune trova in queste pagine una giustificazione immediata quando Huntington scrive: "*La democrazia è solo una delle fonti dell'autorità e non è neppure sempre applicabile. In diverse istanze chi è più esperto, o più anziano nella gerarchia, o più bravo, può mettere da parte la legittimazione democratica nel reclamare per sé l'autorità*". Parole che si congiungono in modo perfetto al piano di Schuman, Monnet e Perroux, e che hanno prestato le fondamenta all'Europa unita dell'Euro già ora governata da una elite di burocrati super specializzati che nessuno di noi elegge.

I tre autori scrissero le loro istruzioni su come le elite avrebbero dovuto procedere in termini chiarissimi, e con una premonizione straordinaria: "*Il funzionamento efficace di un sistema democratico necessita di un* **livello di apatia** *da parte di individui e gruppi. In passato* (prima degli anni '60, nda) *ogni società democratica ha avuto una popolazione di dimensioni variabili che stava ai margini, che non partecipava alla politica. Ciò è intrinsecamente anti-democratico, ma è stato anche uno dei fattori che ha permesso alla democrazia di funzionare bene*". Ed è stata proprio questa apatia che fu indotta sulle masse dell'Occidente per mezzo di una operazione massmediatica enorme e dell'esplosione del consumismo, deviandole dall'attivismo democratico, drogandole così che non vedessero più i loro reali bisogni e i loro diritti. Come ha scritto David Bollier "*Potrà una società che si è così gettata su una eccessiva commercializzazione funzionare ancora come una democrazia deliberativa? Potrà il pubblico ancora trovare e sviluppare la sua voce sovrana? O, viceversa, il suo carattere è stato così profondamente trasformato dai media commerciali da stroncarne per sempre l'abilità di partecipare alla vita pubblica?*"[23] Qui *The Crisis of Democracy* mostra la medesima mentalità che portò Lippmann a chiamare i cittadini "*gli outsider rompicoglioni*", prova ulteriore del gemellaggio ideologico degli attori di questo

23   David Bollier, Silent Theft, Routledge 2003.

piano.

Essi infatti proclamarono che "*la storia del successo della democrazia... sta nell'assimilazione di grosse fette della popolazione all'interno dei valori, atteggiamenti e modelli di consumo della classe media*". Cosa vuol dire? Significa che se si vuole uccidere la democrazia partecipativa dei cittadini mantenendo in vita l'involucro della democrazia funzionale alle elites, bisogna farci diventare tutti consumatori, spettatori, piccoli investitori. L'involucro della democrazia fu salvato, il suo contenuto, cioè noi cittadini partecipativi, fu annientato.

Ora attenzione a quanto segue: ogni idea di Stato Sociale che "*avrebbe dato ai lavoratori garanzie e avrebbe alleviato la disoccupazione*" veniva tacciata dai tre autori di essere "*una deriva disastrosa... poiché avrebbe dato origine a un periodo di caos sociale*". Che il lettore s'imprima nella memoria queste parole, poiché esse detterano una delle più criminose decisioni politiche della Storia occidentale moderna voluta dalle elite, quella di creare artificiosamente grandi sacche di disoccupati, sottoccupati, e precari – con le immense sofferenze che ne conseguivano – solo per poterci controllare meglio, e sfruttare meglio. **Non** per cause di forza maggiore economiche. Sapevano che gli Stati a moneta sovrana avrebbero potuto creare la piena occupazione senza problemi in tutto il mondo, ma ciò gli avrebbe sottratto il potere. Dovevamo soffrire.

Il rapporto attacca lo Stato Sociale anche perché, sostengono gli autori, la spesa sociale può causare un'inflazione disastrosa: "*L'inflazione (...) potrebbe essere esacerbata dalle politiche democratiche, e risulta molto difficile per i sistemi democratici tenerla sotto controllo. La tendenza naturale delle pretese politiche possibili in un sistema democratico aiuta i governi ad affrontare i problemi delle recessioni economiche, prima di tutto la disoccupazione, ma gli impedisce di controllare l'inflazione con efficacia. Di fronte alle richieste del business, dei sindacati e dei beneficiari della generosità governativa, diventa quasi impossibile per i governi democratici ridurre la spesa, aumentare le tasse, e controllare i prezzi e gli stipendi. In questo senso l'inflazione è la malattia economica delle democrazie*". Niente meno. Notate l'uso specifico delle parole "*generosità governativa*" contrapposte alle virtù del "*ridurre la spesa, aumentare le tasse, e controllare i prezzi e gli stipendi*", associate alla minaccia finale di inflazione. Questi principi sono precisamente il credo fondamentale e gli spauracchi degli economisti Neoclassici, Neomercantili e Neoliberisti, che abbiamo in parte già visto.

E per rimanere nell'ambito dei pericoli che la democrazia pone al governo delle elite, i tre autori individuano nel radicalismo delle idee di sinistra lo strumento principe che anima le lotte dei lavoratori. Qui è Samuel P. Huntington a scrivere righe inquietanti sull'ideologia radicale, sostenendo che "*quando essa perde forza, diminuisce il potere dei sindacati di ottenere risultati"*, e infatti la concertazione "*... produce disaffezione da parte dei lavoratori, che non si riconoscono in quel processo burocratico e tendono a distanziarsene, e questo significa che più i sindacati accettano la concertazione più diventano deboli e meno capaci di mobilitare i lavoratori, e di metter pressione sui governi"*. Parole che preconizzarono con estrema lucidità una delle epoche più infami dei rapporti fra Vero Potere e mondo dei lavoratori/cittadini, quella che nel giro di pochi decenni porterà i sindacati dalla loro storica tradizione di lotta per **ottenere sempre maggiori diritti**, alla miserevole condizione odierna, dove essi ormai possono solo contrattate sul **grado di abolizione dei diritti**.

Concludo il capitolo su *The Crisis of Democracy* citando il vano tentativo di Ralf Dahrendorf di criticare il contenuto anti sociale e anti democratico di questo rapporto, leggibile proprio nella discussione pubblicata in appendice a esso. Egli lanciò un monito ai governi affinché "*evitino di credere che il progresso che hanno resto possibile per grandi masse di cittadini deve ora essere disfatto perché è scomodo per alcuni. Va evitato di credere che un po' più di disoccupazione, un po' meno istruzione, un po' più di disciplina e un po' meno libertà di espressione renderanno il mondo un luogo migliore, in cui sarà possibile governare con efficacia. Invero, credo che questo tentativo di riportare indietro il progresso della storia per ricreare lo stato di cose che ci siamo fortunatamente lasciati alle spalle è in molti aspetti incivile, davvero primitivo"*. Sappiamo oggi che le sue parole furono spettacolarmente ignorate. Non ci consola che già allora questo intellettuale avesse così lucidamente compreso ciò che sto divulgando in questo saggio, che io chiamo "*il ritorno delle elite al potere assoluto che avevano perduto"*, e che lui definisce con parole più eleganti come appunto "*riportare indietro il progresso della storia per ricreare lo stato di cose che ci siamo fortunatamente lasciati alle spalle"*.

L'incredibile potere dei fantasmi

Il passaggio dagli anni '70 agli anni '80 è senza dubbio uno spartiacque della Storia, come lo fu ad esempio la sconfitta di Napoleone, o la scoperta della dinamite, uno di quei passaggi che semplicemente ci dice che nulla sarà mai più come prima. Il mondo intero cambiò, e una nuova era 'supersonica' s'impadronì del Pianeta: media supersonici, consumismo, distruzione dell'ambiente, speculazioni finanziarie, stili di vita, criminalità, tossicodipendenze, corsa al riarmo e spese militari... tutto supersonico. Ma anche un supersonico attacco ai sindacati, supersonica demonizzazione degli Stati Sociali, supersonico individualismo. A troneggiare su questa era arrivarono i quattro assi della politica Neoliberista: Ronald Reagan, Margaret Thatcher, Helmut Kohl, e Francois Mitterrand, che di fatto spazzarono via ogni altro gioco politico moderno, ponendo il globo sotto il controllo dei loro sponsor: le elite finanziarie e le corporations. Infatti, nel momento in cui le quattro più potenti economie del mondo – gli USA, la Gran Bretagna, la Germania e la Francia – si unirono per imporre l'intransigenza del Libero Mercato (intransigenza per tutti eccetto le elite), per imporre al Terzo Mondo il Washington Consensus (la stessa intransigenza applicata sadicamente al Sud), e per imporre lo smantellamento a man bassa delle regolamentazioni governative, c'era poco che il resto del pianeta potesse fare per fermarli.

Particolarmente insidiosa fu la strategia del presidente francese, che sulla carta era un leader di sinistra fra i suoi tre colleghi ultra conservatori. Mitterrand fu in grado di dar inizio in Europa alla trasformazione della sinistra socialista e socialdemocratica in una sorta di macchina politica ibrida, che mantenne la facciata di sinistra solo per nascondere politiche del tutto Neoliberiste, quindi di destra. L'economista italiano Riccardo Bellofiore (univ. Bergamo) ha chiamato il risultato finale di questa mutazione 'Liberismo sociale'[24], dove il governo farà gli interessi delle elite, e lo Stato dovrà intervenire solo per ripararne i disastri in termini di Spesa a Deficit Negativa per i dolenti problemi sociali che sempre ne conseguono, e in termini di salvataggi a suon di soldi pubblici delle banche fraudolente. Questa trasmutazione perniciosa iniziò appunto dai socialisti francesi, poi venne il New Labour inglese, poi il Centrosinistra italiano, e il resto delle sinistre europee capitolarono poco dopo.

In Francia, oltre al presidente Mitterrand, altri uomini meno noti lavorarono dal 1981 in poi al cambio di pelle delle sinistre. Cito quelli chiave: Jaques Delors, Jaques Attali, e Jean Claude Trichet... sì, proprio lui, guarda caso l'attuale governatore delle Banca Centrale Europea. Il presidente francese, nelle parole dell'economista Joseph Halevi, "*... sosteneva che la gente si dovesse togliere di mezzo, che la piena occupazione avrebbe dato troppo potere al popolo, mentre la deflazione, la disoccupazione e i lavori precari glie l'avrebbero sottratto. Queste idee furono una costante in Francia, a partire da De Gaulle, poi Giscard D'Estaing e infine Mitterrand, che le volle espandere a tutta l'Europa*" (email di Halevi circolata nel suo gruppo di lavoro).

A questo punto le cose si erano messe assai bene per le elite Neoclassiche, Neomercantili e Neoliberiste, ma c'era sempre il pericolo di un'improvvisa ribellione che costringesse i governi a intervenire. Infatti fino a quel punto il loro unico strumento per bloccare i poteri di spesa che gli Stati sovrani avrebbero potuto usare a favore dei cittadini e delle piccole e medie imprese, era stata una propaganda ideologica attraverso il Piano di Contiguità. In Europa la 'soluzione finale' per la distruzione della sovranità legislativa e di spesa degli Stati (la UE dei tecnocrati non eletti e l'Euro) era ancora un progetto del futuro distante. Bastava un incidente di percorso per mandare all'aria il piano delle elite, come il sorgere di un movimento popolare che avesse divulgato il complotto, o il lavoro di un giornalista coraggioso che avesse capito come i dogmi Neoliberisti ci stavano ammazzando dietro una maschera di finto progresso. Un nuovo John Maynard Keyness avrebbe potuto emergere con carisma e scardinare la macchina teorica dei manovratori occulti. Insomma, essi pensarono che occorreva qualcosa di potente che cementasse il loro crescente controllo della politica in qualcosa di inattaccabile, e che oltre tutto convincesse anche la gente comune ad accettare i loro dogmi come non solo virtuosi, ma proprio inevitabili. Ad

---

24   In conversazione con l'autore, Marzo 2011.

accettare cioè "*la singola ideologia del sacrificio*"[25]. E allora si inventarono dei fantasmi... o meglio, ne rilanciarono dei vecchi. La loro abilità fu nel saper divulgare con precisione alcuni concetti-spauracchio pensati per far presa immediata sia sulla gente che sui politici. Dovevano apparire di buon senso, ma anche istillare paura. Eccoli.

Fantasma 1: l'inflazione.

Milton Friedman lavorò sulla minaccia dell'inflazione e la rese ancora più inquietante. Prese in considerazione la teoria della Curva di Phillip che sostiene che se si abbassa la disoccupazione si ottiene una aumento proporzionale dell'inflazione (più stipendi che circolano, più soldi nel sistema = inflazione). Friedman sostanzialmente disse che no, Phillip aveva torto, nel senso che la sua era una predizione troppo benigna. L'inflazione, secondo lui, non solo sarebbe seguita un aumento di occupazione, ma sarebbe aumentata in proporzione molto di più, col rischio di finire fuori controllo. Questa sua idea apparve catastrofica ai politici, e il fantasma dei cittadini che si portano in giro valige di contante per comprare un chilo di pane divenne di comune dominio. Friedman di conseguenza sentenziò che un 'naturale' livello di disoccupazione doveva necessariamente esistere per evitare tale disastro. Peccato che questa idea fosse falsa, assieme alla Curva di Phillip, e oggi diverse scuole di economia fra cui la Modern Money Theory lo hanno dimostrato con autorevolezza. Peccato che milioni di persone soffrirono per questa follia, e peccato che dopotutto non fosse affatto follia ma un piano calcolato per ottenere il solito risultato: impedire agli Stati di operare la Spesa a Deficit Positiva per ottenere la piena occupazione e dunque una cittadinanza forte. Va ricordato che anche con la piena occupazione l'inflazione si tiene sotto controllo proprio per l'aumento di produttività che la maggior forza lavoro crea. Poi si possono aumentare le tasse se necessario, e molto altro. Solo quando la piena occupazione porta il sistema al suo limite produttivo esiste un pericolo di inflazione, ma questa evenienza è ancora lungi dal verificarsi in qualsiasi nazione. Tuttavia da allora qualsiasi accenno a un programma nazionale di occupazione piena fu bandito dal vocabolario politico, senza speranza.

Fantasma 2: l'Isteria da Deficit.

25   The Tragic and Hidden History of the European Monetary Union, Alain Parguez, 2009.

Di seguito venne il fantasma del deficit. "*Gli Stati sono come famiglie,
e come le sagge famiglie essi non devono spendere più di quanto guadagnano*". Ricordate questo? Era lo slogan di estrema efficacia che fu 'venduto' al
pubblico e ai politici per nascondergli i vitali benefici della Spesa a Deficit
Positiva, come già detto. Infatti i deficit divennero una bestemmia in economia, specialmente quando ci fu detto che i deficit sono un debito per
noi cittadini. Era una menzogna, che ignorò di proposito che negli Stati
con moneta sovrana il deficit è precisamente il credito dei cittadini, ciò
che i cittadini posseggono in termini di beni finanziari al netto che il governo gli accredita sui conti correnti quando spende. Drammaticamente,
invece, milioni di elettori vissero e vivono oggi angosciati da allarmi iste-
rici come "*… ogni singola famiglia ha sulle spalle un debito di tot da ripagare… I nostri figli nascono con un peccato originale di debito che si porteranno nel futuro!…*". Sono fantasmi, solo fantasmi, e infatti l'Isteria da
Deficit ha oggi infettato tutto il mondo nonostante sia "*una superstizione
(…), una religione arcaica per spaventare la gente con dei miti, affinché si
comportino in un modo accettabile dal sistema civile*", nelle parole del pre-
mio Nobel Paul Samuelson[26]. Ma lo scopo delle elite fu ottenuto: cementare il soffocamento della Spesa a Deficit Positiva a favore del pubblico,
di nuovo senza speranza. Ora rammentiamoci dei nomi degli economisti
principali responsabili per questo inganno: Robert Lucas, Tom Sargent,
Neil Wallace (scuola New Classical), Jude Wanniski, George Gilder (Supply Siders), Greg Mankiw (New Keynesian conservatore), e poi opinioni-
sti di moda come Carmen Reinhart and Kenneth Rogoff. Randall Wray,
capo economista delle scuola MMT ci spiega: "*Questi economisti si sono
infiltrati nella macroeconomia con le loro idee di microeconomia, sostenendo che l'economia consiste di individui che si assommano e gli individui
si comportano in modo microeconomico*"[27] L'odierna ondata di depressione
economica che sta spazzando l'Europa e gli USA è direttamente comandata
da quanto descritto sopra, perché i mali della crisi finanziaria potevano essere
curati con una iniezione di Spesa a Deficit Positiva a tutto campo. Gli USA
lo fecero dopo la seconda guerra mondiale, quando il loro deficit viaggiavano
normalmente sul 25% del PIL, e questo gli regalò il ventennio di ricchezza più
spettacolare di tutta la sua storia, che fra l'altro fu riversata nell'Europa distrutta
e ci sollevò dal disastro. Non esagero se affermo che questi fantasmi si infil-
trarono nella psiche collettiva sia della gente che dei politici come acqua sulla
spugna. E le elite si sentirono al sicuro.

---

26   Marc Blaug, John Maynard Keynes, Life, Ideas, Legacy, 1995.
27   In conversazione con l'autore, Aprile 2011.

Un bonus inaspettato

L'alba degli anni '90 offrì alle elite Neoclassiche, Neomercantili e Neoliberiste un'apertura di proporzioni storiche, poiché proprio mentre si preparavano per lo sprint finale del loro piano, l'Unione Sovietica collassò.

Per comprendere meglio quanto segue, rivediamo la parte Neomercantile di questo *piano*. I Neomercantilisti hanno lavorato per bloccare la Spesa a Deficit Positiva così da creare disoccupazione e una precarietà economica costante che poi giustificasse stipendi più bassi, lavoro precario e infine erosione dei diritti dei lavoratori. Da ciò essi speravano di ottenere una 'armata di riserva' dei disoccupati e sottoccupati che permettesse alle multinazionali di impiegare lavoratori a costi bassi anche qui in Occidente per competere nell'export internazionale. Questo volevano e lo hanno ottenuto attraverso il piano di cui questo saggio parla. Ma poi l'impero sovietico crollò nell'arco di pochi mesi, le porte dell'est europeo si spalancarono ai falchi del Libero Mercato e dietro di esse c'erano masse di miserabili sbandati disposti a lavorare per pochi centesimi, assieme a intere economie da spolpare. I Neomercantilisti d'Europa non avevano mai sognato nulla del genere. E' ovvio che non sto dicendo che le dittature comuniste erano in alcun modo raccomandabili, ma lo sfruttamento di quelle genti che seguì il loro crollo è stato moralmente rivoltante.

Si consideri solo (per motivi di spazio) la disintegrazione della Yugoslavia e i massacri che ne sono seguiti. E' uno dei capitoli più disgustosi del piano che si ricordi. Non ci dimentichiamo che fu la Germania, che è il potere Neomercantile numero uno del mondo sempre alla ricerca di lavoro sottopagato per il suo colossale settore export, a riconoscere prematuramente l'indipendenza della Slovenia. Questo precipitò il conflitto. Milosevic era senza dubbio un uomo pericoloso e senza scrupoli, ma fu incastrato dalla NATO che aveva deciso la colonizzazione della forza lavoro yugoslava. Fonti governative britanniche hanno rivelato che gli accordi di pace di Rambouillet furono truccati di proposito proprio per causare il rifiuto di Milosevic e giustificare l'intervento esterno. Negli accordi fu inserito all'ultimo minuto un Annex B che pretendeva che la NATO potesse occupare tutto il territorio yugoslavo come precondizione alle trattative. Una pretesa assurda che nessun leader nazionale avrebbe mai accettato, come ammise in testimonianza l'allora ministro inglese per gli armamenti Lord John Gilbert: "*Se chiedete la mia opinione, penso che i termini posti a Milosevic a Rambouillet erano assolutamente intollerabili; come poteva accettarli? E l'hanno fatto di proposito*"[28]. Negli stessi accordi, all'art. 1&2 del capitolo 4, c'è una menzione specifica del Kosovo, ricco di minerali, che doveva diventare "*una economia di Libero Mercato (..) dove tutti i beni statali dovranno essere privatizzati*". A non fu la NATO che nel 1999 portò l'attacco al Kosovo con il pretesto di salvare i poveri albanesi dai serbi? Certo, ma allora perché secondo dati ufficiali i bombardieri della NATO colpirono solo 14 carri armati serbi ma un gran totale di 372 industrie di Stato kosovare? Perché il più potente blitz delle forze di terra NATO in Kosovo impiegò 2.900 soldati per assaltare il complesso minerario di Trepca il cui valore di mercato era di 5 miliardi di dollari? Gli albanesi non videro mai nulla del genere dare l'assalto ai militari serbi. A Trepca tutto il management statale e i lavoratori furono espulsi, e da lì a poco uno dei primi decreti della nuova amministrazione ONU in Kosovo (UNMIK) abolì la legge sulle privatizzazioni del 1997 per permettere la proprietà straniera di qualsiasi bene kosovaro fino al 70% del valore[29].

Insomma, ciò che gli americani hanno trovato nel loro "giardino di casa" del Centro America attraverso i vari accordi di libero scambio, gli europei neomercantili hanno trovato nell'Europa dell'est con il collasso dell'URSS. La scandalosa storia della colonizzazione Neoliberista di quei Paesi con dosi massicce di "Shock Therapy" in economia (si veda i piani di Jeffrey Sachs per la Polonia e i programmi di aggiustamento strutturale del FMI in tutto l'est Europa) è stata raccontata da molti economisti autorevoli come il Nobel Joseph Stiglitz[30], e persino da ricerche scientifiche come quella pubblicata sul Lancet, che hanno

28   Defence Select Committee of the House of Commons, UK, testimonianza raccolta il 20 Giugno 2000.
29   Neil Clark, The spoils of another war, The Guardian, September 21, 2004.
30   Si veda http://www.guardian.co.uk/world/2003/apr/09/russia.artsandhumanities.

analizzato il disastro umanitario causato dal Neoliberismo in versione post sovietica con drammatici dettagli[31]. Si trattava naturalmente solo di accaparrarsi i beni pubblici di quei Paesi e di trovare masse di lavoratori da sottopagare, come ha scritto l'economista Michael Hudson: "*Queste politiche distruttive sono state testate soprattutto nei Paesi baltici, vere e proprie cavie per vedere fino a che punto i lavoratori potevano essere schiacciati prima che si ribellassero. La Lettonia applicò liberamente le politiche Neoliberiste con tasse fisse sul lavoro al 51%, mentre l'immobiliare rimaneva intoccato. Gli stipendi pubblici furono ridotti del 30% causando massiccia emigrazione (…) La vita media maschile si è accorciata, le malattie sono in crescita, e il mercato interno è avvizzito*"[32].

In Estonia le cose non sono migliori, con un crollo del PIL del 20% e un balzo della disoccupazione dal 2 al 15,5%[33]. Ed è un segno dell'inganno Neoliberista che il Financial Times, consapevole del disastro estone, abbia commentato come segue: "*Anche se l'Estonia soffre ancora di alta disoccupazione, le leggi sulle tasse e sul lavoro sono molto pro-business e quindi facilmente sosterranno la ripresa nazionale*"[34].

Ma la fine della guerra fredda portò doni alle elite anche in Paesi del tutto avanzati. È il caso dell'Italia. Nell'arco di un attimo (in termini storici) la scomparsa del pericolo comunista dell'est tolse a Washington ogni motivo per continuare a sostenere il vecchio apparato politico italiano, che era visto dal Dipartimento di Stato USA come un necessario baluardo contro il pericolo rosso, seppur troppo statalista per gli alfieri del Libero Mercato americani. Morta l'URSS, la Casa Bianca staccò la spina a Roma… ergo Tangentopoli, i governi tecnici, e il centrosinistra prodiano/d'alemiano di feroce tendenza Neoliberista. Di seguito alcuni accenni, con le sanguinose conseguenze per la solita gente comune.

---

31   Mass Privatization and the Post Communist Mortality Crisis: a Cross National Analysis, David Stuckler, Lawrence King, Martin McKee, The Lancet, January 15th, 2009.

32   Si veda http://neweconomicperspectives.blogspot.com/2010/09/while-labor-unions-celebrate-anti.html

33   Mark Weisbrot, Baltic Countries Show What Greece May Look Forward To If It Follows EC/IMF Advice, The Guardian, May 1, 2010.

34   Euro falls as Estonia joins the Eurozone, FT, 3 Gennaio 2011.

La Signora si faccia la messa in piega

Era il 17 febbraio del 1992, Mario Chiesa viene arrestato a Milano per dare il via alla celeberrima stagione di Tangentopoli. Da quei giorni, e in pochi mesi, un'intera classe politica italiana viene spazzata via dalle inchieste di Di Pietro e soci. Come mi disse personalmente l'ex pm di Mani Pulite Gherardo Colombo, in realtà l'impeto che mosse quella rivoluzione veniva dagli imprenditori che si autodenunciavano ai magistrati pur di smettere di pagare tangenti ai socialisti e democristiani. Due partiti che, come d'altronde tutto l'apparato politico italiano, avevano una caratteristica in comune: erano intrisi di statalismo fino al collo, cioè erano nati e cresciuti nella pratica di usare prebende ed elargizioni di Stato per comprarsi il consenso degli elettori. Qualcosa che goffamente e truffaldinamente assomigliava però troppo al modello di Stato a moneta sovrana che spende a deficit per creare ricchezza fra i cittadini. Infatti l'Italia degli anni '80 era sì un Paese ad alta inflazione e debito, ma era uno dei luoghi più ricchi della Terra, la cui ricchezza ancora oggi nutre una fetta enorme di società civile. Appena dieci giorni prima di quel fatidico 17 febbraio a Milano, e cioè il 7 febbraio, veniva firmato il Trattato di Maastricht, che entrerà in vigore l'anno successivo, nel 1993. Il '93 è l'anno in cui il governo Ciampi istituisce il Comitato Permanente di Consulenza Globale e di Garanzia per le Privatizzazioni; sempre in quell'anno gli accordi del ministro dell'industria Paolo Savona con il Commissario europeo alla concorrenza Karel Van Miert e quelli del ministro degli Esteri Beniamino Andreatta con Van Miert, impegnano l'Italia a fare la messa in piega alle aziende di Stato perché divengano appetibili per gli investitori privati.

Riassumendo: gli anni '90 vedono divenire realtà l'Unione Europea sovra-nazionale, l'Unione Monetaria – cioè l'Anti Stato per eccellenza sognato dalle elite; contemporaneamente in Italia lo Stato di allora viene spazzato via da Tangentopoli – dove alcuni magistrati acquisiscono di colpo un potere inaudito nel nostro Paese che ancora rimane inspiegato; nell'arco di pochi mesi una classe politica italiana, oggi riconducibile al centrosinistra, si getta nelle privatizzazioni, cioè nella svendita ai privati di capitali immensi edificati con decenni di lavoro per il bene comune dei cittadini italiani.

Ora, lungi da questa narrazione ogni accenno al complottismo, poiché qui sono i dati a parlare, ma un osservatore di queste realtà sarebbe sciocco se perlomeno non si facesse qualche domanda. Per esempio: perché quegli imprenditori accettarono di entrare nel tunnel delle inchiesta giudiziarie dopo anni di tranquillo e profittevole status quo? Era poi così vero che il gioco era divenuto troppo esoso? O forse qualche altra contropartita gli fu offerta per scardinare l'Italia di allora? E chi gliela offrì? In un Paese come l'Italia dove ogni singola inchiesta che scotta fu di regola trasferita da procure ostili a quelle amiche, e ancora oggi accade, cosa impedì ai colossi politici DC e PSI di strozzare Tangentopoli? Chi gli levò il tappeto da sotto i piedi proprio in quel momento? Chi permise a un nugolo di razzisti della Padania di espandersi a macchia d'olio in pochi mesi, per creare poi il consenso popolare della parte ricca d'Italia alle inchieste di Di Pietro e compagni? E' solo un caso che la Germania sia di fatto il punto di riferimento, cioè il partner commerciale privilegiato, del separatismo di Bossi? E' solo un caso che così pochi imprenditori strozzati dalle tangenti del PCI (e chi come l'autore è nato a Bologna sa di cosa si parla) si fecero avanti? Oppure questo è spiegabile dal fatto che quel partito era già stato prescelto dalla finanza internazionale per divenire, con il lifting del centrosinistra, il suo interlocutore privilegiato in Italia? Risulta che fu l'ambasciatore USA a Roma, Richard Gardner (1977-88), membro del potentissimo Council on Foreign Relations americano e della Commissione Trialterale, ad approvare l'entrata al governo del PCI. Il capo della stazione CIA di Roma di allora, Hughes Montgomery, scrisse a favore di questo scenario. Perché? Già allora il partito comunista italiano si era strutturato in un'impresa capitalistica moderna con ampi settori di servizi e contatti con le banche, e questo era visto come una garanzia a Washington[35]. E' un caso che sarà proprio il centrosinistra dell'ex PCI a liberalizzare in Italia la circolazione dei capitali (essenziale alle speculazioni finanziarie), a permettere la fusione delle banche commerciali con quelle d'investimento (stile Wall Street e fonte del disastro del 2007), e a segnare il record europeo delle

---

35   PCI-DS, La Prima Azienda Capitalistica Italiana del XXI Secolo, Il Cannocchiale, 11-09-2005.

privatizzazioni alla fine degli anni '90?[36]

Fine delle speculazioni, torniamo al rigore scientifico.

Pochi fronzoli: il piano per distruggere gli Stati europei e i loro cittadini sottraendogli la sovranità sia delle leggi che della moneta, imponendogli il fantasma del Deficit/Debito pubblico e l'odiosa sofferenza della disoccupazione/precarizzazione, e svendendo il bene comune ai privati dei capitali, è provato. Il Vero Potere delle elite lo ha ordito a partire dagli anni '20-'40 del XX secolo. In Italia i portabandiera alla luce del sole di quel piano furono in primis Romano Prodi, allievo di Andreatta, Giuliano Amato, Visco, Dini, Bassanini, Padoa Schioppa, Scognamiglio, Ciampi, Draghi, Enrico Letta, e non ultimo Massimo D'Alema, tutti uomini del centrosinistra[37], gli entusiastici sostenitori della modernità europea, dell'Euro, quelli che però qui a casa nostra si presentano con il volto buono dell'antipotere berlusconiano. Dietro le quinte, le loro menti economiche sono state una moltitudine di volti noti e meno, come Chicco Testa, Salvatore Biasco, Riccardo Realfonzo, Ferdinando Targetti, Michele Salvati, Luigi Spaventa e altri, tutti 'compagni' divenuti ex, tutti solidamente centrosinistra.

A partire dal governo Ciampi del '93, come si è detto, le tappe furono serrate: 1) i già citati accordi Italia-Van Miert, che stipulavano la ricapitalizzazione della siderurgia italiana a patto che la si privatizzasse, e l'azzeramento del debito delle aziende di Stato per lo stesso fine. E chi è Van Miert se non uno dei falchi delle elite di cui si tratta? Un uomo con le mani sia nella politica che decide, quella della UE dei tecnocrati non eletti, sia nelle grandi aziende, come la Vivendi, Agfa Gevaert, Anglo American Plc, Royal Philips, Solvay e altre. 2) 1997-2000, il grande salto nella svendita dei beni pubblici col centrosinistra, che stabilisce record europei delle privatizzazioni (ENI, S. Paolo Torino, Banco di Napoli, SEAT, Telecom, INA, IMI, IRI con SME, Alitalia, ENEL, Comit, Autostrade ecc.). 3) il centrosinistra canta le lodi di questo processo (che non porterà alcun

---

36   Si veda per esempio l'eccellente Privatizzare è bello, Cinzia Arruzza, Attack Switzerland, 08-11-2002.
37   *L'economista francese Alain Parguez mi ha detto: "I nomi di spicco del centrosinistra italiano venivano tutti invitati regolarmente a Parigi, a colloquio con i falchi della deflazione europea, certo... Romano Prodi gravitava nelle vicinanze di Jaques Attali".*

beneficio reale né miglioramenti di produttività) nel Libro Bianco delle privatizzazioni di Vincenzo Visco. Di fatto, dati alla mano, la capacità di crescita della produzione industriale crolla con le privatizzazioni, in particolare con il rigore di spesa del 2007 di Prodi. 4) l'attacco alla gestione pubblica dei servizi degli enti locali (come l'acqua), che si concretizza con la legge 267 del 2000 figlia del lavoro di Bassanini negli anni precedenti. 5) poi arrivano "*i tagli selvaggi ai bilanci pubblici del 1996-2000 e 2006-2008*" (Joseph Halevi in una mail all'autore). 6) infine il sostegno entusiasta del PD, di Di Pietro e di De Magistris al trattato di Lisbona, cioè alla mannaia finale del grande piano di Francois Perroux nel 1943. Aprite gli occhi: Berlusconi sarà sicuramente il volto della menzogna e del malaffare istituzionalizzato, ma in Italia i volto del Più Grande Crimine proiettato al futuro è il centrosinistra. Il primo è il pericolo biodegradabile della democrazia, i secondi sono la contaminazione radioattiva della democrazia. Non per nulla pochi sanno che fu invece Berlusconi a tentare in sede UE una mossa che non solo aveva senso, ma che era 'di sinistra', quando fra il 2001 e il 2006 cercò l'adozione di una misura che escludesse dal calcolo del deficit pubblico le spese per strade, infrastrutture, computer per le scuole ecc. Come dire a Bruxelles "*penalizzateci se spendiamo troppo per il superfluo, ma non per l'essenziale*". E chi fu che insorse come lupi contro questa idea? Il centrosinistra (per conto della Germania). La stessa formazione nelle cui fila primeggiano i portabandiera italiani sia della UE, che dell'Unione Monetaria. Il cerchio si chiude.

L'Italia doveva farsi la messa in piega, svendersi cioè ai capitali privati, pena l'esclusione dall'euro, che è come dire pena l'esclusione dalla ghigliottina, ma tant'è. E vale la pena informarvi qui di un ulteriore guizzo indecente di questa saga che ci ha tutti consegnati a un futuro gramo: nelle parole dell'economista australiano Bill Mitchell, docente al Centre for Full Employment and Equity alla University of Newcastle, NSW Australia: "*La Germania insistette nell'inclusione delle sprecone Italia e Spagna nei 17 Paesi dell'eurozona per impedirgli di mantenere lira e pesetas, che Roma e Madrid avrebbero potuto svalutare competitivamente fregando il mercato metalmeccanico tedesco*". Significa che se noi avessimo mantenuto la lira, l'avremmo potuta rendere più economica per i clienti esteri e quindi vendere auto e altro molto meglio dei tedeschi incatenati a un euro super costoso. Berlino sapeva questo e ci hanno fregati. Quindi oltre la beffa criminosa dell'Unione Monetaria, anche l'inganno. Andatelo a raccontare agli operai e ai licenziati del signor Marchionne.

E ricordo qui in estrema sintesi quanto spiegato in altri capitoli sul danno immenso che l'Unione Monetaria ci ha inflitto e sulle sofferenze che essa aggiungerà a milioni di destini di esseri umani innocenti. Oggi l'euro non è moneta di nessuno, letteralmente, e questo significa che tutti i 17 Stati che lo usano non possono più emetterlo inventandoselo senza limiti come accade invece nei Paesi a moneta sovrana (USA col dollaro, Giappone con lo yen ecc.). I 17 devono sempre prenderlo in prestito da qualcuno, dai mercati privati dei capitali, devono cioè comportarsi come un banale cittadino che per spendere deve sgobbare o andare a prestiti. Di conseguenza, oggi il nostro debito pubblico è veramente un problema, perché lo Stato non lo deve più a se stesso, ma a figure private precise, e quei privati non solo esigono pagamenti senza storie, ma decidono anche i tassi d'interesse con cui il nostro Tesoro prenderà in prestito i prossimi Euro. Messi in questo modo, cioè governi impiccati ai capricci dei privati, abbiamo perso ogni garanzia di autorevolezza monetaria e finanziaria, per cui i mercati stessi ci stanno bocciando a man bassa. Significa perdita d'investimenti immensi, che significa perdita di posti di lavoro, tagli a tutto ciò che è pubblico, e dunque miserie infinite per infiniti cittadini. E questo, si badi bene, vale per tutti i 17, senza scampo, perché tutti siamo in questa trappola; la Grecia è la prima mattonella del Domino a cadere.

Ciò che accadde in Italia fu poi replicato anche se non identico in molte altre nazioni europee, mentre il credo Neoliberista che richiedeva 'governi ristretti' diveniva una religione internazionale. La sua forza era tale che spinse la Think Tank Neoliberista inglese The Adam Smith Institute a dichiarare quanto segue: "*Noi proponiamo cose che la gente considera sulla soglia della follia. Dopo un attimo le ritrovano sulla soglia delle politiche*"[38].

---

38   Alan Rusbridger, Sense, nonsense and the Adam Smith Institute, 22 December 1987, The Guardian.

Alcuni brillanti ritocchi finali

I primi anni '90 sono stati di certo un passaggio storico per il successo del piano delle elite. Non possiamo omettere che nel 1994 tutte le maggiori nazioni del mondo firmarono e ratificarono il Trattato di Marrakesh dell'Organizzazione Mondiale del Commercio (OMC). Conteneva il più potente pacchetto di regole commerciali sovranazionali mai esistito e quasi tutte impregnate di Libero Mercato Neoliberista. Infatti fu proprio uno degli incontri dell'OMC a Seattle nel 1999 che accese la miccia della protesta anti globalizzazione nel mondo. Ma prima di raccontarvi il gran finale del piano, è necessario spiegare altri pezzi dell'inganno Neoclassico, Neomercantile e Neoliberista.

1) Ingannare la Sinistra.

Come già detto, in meno di 20 anni quasi tutti i partiti europei di sinistra erano stati trasformati in macchine Neoliberiste impregnate di Libero Mercato e Isteria da Deficit, pronte a svendere pezzi di beni pubblici alla "classe dei predatrice" che servivano con devozione[39]. Ma cosa accadde ai movimenti di società civile della sinistra? E i sindacati? E gli intellettuali progressisti? Perché tutti questi, mentre certamente gridavano contro le tattiche generali della "classe dei predatrice", non compresero cosa si nascondeva dietro il fantasma del Debito e dietro l'Isteria da Deficit? Perché ancora oggi praticamente nessuno a sinistra sta capendo da dove veramente vengono i pericoli per la democrazia e

---

39   James Galbraith, The Predator State, Free Press, NY, 2008.

per il lavoro?

Chiunque stia leggendo questo saggio credo abbia compreso che una volta che uno si è fatto convincere dai dogmi economici Neoclassici, Neomercantili e Neoliberisti, viene succhiato dentro il loro inganno senza speranza. Cioè, se uno si fa convincere che

a) lo Stato virtuoso (con moneta sovrana) deve pareggiare il bilancio incassando dai cittadini più di quanto spenda;

b) le tasse servono a fornire allo Stato i fondi da spendere per i cittadini, e così lo Stato virtuoso deve pareggiare il bilancio per non sperperare quei fondi;

c) il deficit dello Stato significa che i cittadini hanno un debito da ripagare, quindi lo Stato virtuoso deve pareggiare il bilancio;

d) e che di conseguenza i deficit sono il massimo della disgrazia economica, a meno che lo Stato virtuoso non pareggi il bilancio... allora uno è fregato.

E allora, di nuovo: perché la sinistra non ha mai messo in discussione questi inganni, e perché al contrario ancora oggi la sinistra concorda che gli Stati devono *"spendere come le famiglie"*, che il deficit dello Stato è il debito dei cittadini, che le tasse servono alla spesa sociale ecc.? Una delle risposte più convincenti è stata formulata dall'economista francese Alain Parguez, quando scrisse che *"la credenza nei limiti dei bilanci ha convinto tutti che le tasse riciclano denaro preso dal settore privato. Lo Stato, si crede, potrebbe finanziare le sue spese sociali tassando i più ricchi. Le tasse dovrebbero così trasferire un reddito dai ricchi ai poveri (...) Le tasse sono il fondamento di un 'capitalismo sociale' poiché potrebbe finanziare lo Stato Sociale ecc. (...) Questa mitologia sulle tasse spiega perché così tanti politici ed economisti di sinistra hanno abbracciato il dogma del pareggio di bilancio"*[40]. E con loro anche tutti gli attivisti di sinistra, che oggi gridano contro mille peccati del capitalismo ma su una cosa sono inamovibili... e d'accordo con le elite: lo Stato deve rimettere i conti in ordine, cioè spendere meno di quanto guadagna. Sono convinti che se solo lo Stato facesse ciò, esso innanzi tutto solleverebbe un peso tremendo dalle spalle dei cittadini, il debito! Ignorano, e proprio perché ingannati dalla propaganda delle elite, che uno Stato a moneta sovrana può arricchire sia i propri cittadini che lo Stato Sociale solo se spende di più di quello che incassa tassando. **Deve** spendere a deficit, per forza.

---

40   A Monetary Theory of Public Finance, Alain Parguez, relazione per il quinto Post Keynesian Workshop, Knoxville 22-23 Giugno 2000.

Ignorano che le tasse distruggono denaro e mai forniscono denaro allo Stato da spendere (i dettagli nella Parte Tecnica).

Capite ora come hanno fatto le elite Neoclassiche, Neomercantili e Neoliberiste a fregare le sinistre? Hanno fatto apparire i loro dogmi economici tesi a distruggere la nostra Gallina dalle Uova d'Oro come invece idee di buon senso che anzi, avrebbero fornito denaro allo Stato per le spese sociali: "*gli Stati devono guadagnare più di quanto spendono... i deficit sono il debito di tutti noi... meglio un po' di disoccupazione piuttosto che l'inflazione...*". Milioni di persone semplici si sono convinti della giustezza di questi inganni, e con loro le sinistre.

2) Un miraggio per intrappolare e paralizzare.

Fu l'ideale Thatcheriano che la lady di ferro 'vendette' con successo a milioni di suoi cittadini negli anno '80. Ogni lavoratore doveva pensare a sé stesso/a come a una piccola impresa privata, decretò il premier inglese. Basta con questa dipendenza dal governo pachiderma, tu puoi usare i tuoi soldi per far fortune se sei furbo. Cos'è sta storia della solidarietà sociale, dell'interesse comune? Tu sei un individuo e come tale devi cercare il massimo per te stesso, la massima ricchezza, fottitene degli altri. Lo Stato Sociale? Ma va! Roba da perdenti. Perché dipendere dalla flebo statale quando là fuori, nel magico mondo degli investimenti, puoi vedere la cifra del tuo salvadanaio arricchirsi di zeri in un battibaleno?

Era uno strano misto fra il sogno americano e il Money Manager Capitalism descritto con acume dall'economista americano Hyman Minsky[41]. Cioè la gente veniva incoraggiata a rischiare coi propri risparmi nel nuovo gioco di moda, che era scommettere coi numeri e con le azioni, coi titoli e con le valute, coi mutui e coi prodotti finanziari, ecc. Erano numeri che magicamente producevano altri numeri e più alti, e il conto in banca qualche volta cresceva come un fungo. In tutta Europa milioni di lavoratori, pensionati, studenti ci cascarono, e per un po' ci guadagnarono pure, inaugurando anche quella che i due economisti Joseph Halevi e Riccardo Bellofiore hanno battezzato "*il Capitalismo dei Fondi Pensione*"[42]. I salotti di milioni di case popolari videro arrivare questi giovanotti incravattati che offrivano accesso facile al nuovo gioco con i loro prodotti fi-

---

41   Si veda per esempio The rise and fall of money manager capitalism, a Minskian approach, L. Randall Wray, Cambridge Journal of Economics, 8 Maggio 2009.

42   'Could be raining'. The European Crisis within the Great Recession. Riccardo Bellofiore, Joseph Halevi, 2010.

nanziari dai nomi esotici: Top Life, Serenity 2000… Rappresentavano i giganti assicurativi mondiali, i fondi pensione privati e gli equity funds, come ING, Allianz, Generali, China Life, AXA Group, AIG, Zurich, Munich Re, Prudential, Sun Life; General Motors Fund, General Electric, BT Group, AT&T, Verizon, Barclays Bank, Lloyds TSB, Citigroup; The Carlyle Group, Goldman Sachs Principle, TPG, Apollo Global, Bain Capital, Blackstone Group, 3i Group, Advent, Providence Equity.

Ma era ovvio che Margaret Thatcher stava piazzando le menzogne e gli inganni dei suoi sponsor, i soliti noti. Dietro tutto ciò infatti c'erano i veri scopi delle elite finanziarie mondiali[43]. Primo: creare un colossale spostamento di investimenti dalla produzione tradizionale di cose e servizi verso il mondo delle folli scommesse finanziarie che loro controllavano. Va ricordato che in questo senso fu il 'grande vecchio' delle Federal Reserve americana, Alan Greenspan, a dare una mano decisiva, quando permise l'accesso del settore finanziario a montagne di denaro a tassi 'giusti', un trucco noto come il Greenspan Put. In Gran Bretagna questo fenomeno trasformò il volto del Paese, con una gigantesca bolla finanziaria che cresceva su Londra e una voragine nera che invece divorava il nord industriale dell'Inghilterra, con sofferenze umane inenarrabili. E nel resto d'Europa le cose seguirono a ruota. Naturalmente, come Minsky aveva predetto, le bolle speculative che nacquero da questa follia esplosero, con le conseguenze che oggi abbiamo davanti agli occhi.

Ma era ovvio che Margaret Thatcher stava piazzando le menzogne e gli inganni dei suoi sponsor, i soliti noti. Dietro tutto ciò infatti c'erano i veri scopi delle elite finanziarie mondiali (34). Primo: creare un colossale spostamento di investimenti dalla produzione tradizionale di cose e servizi verso il mondo delle folli scommesse finanziarie che loro controllavano. Va ricordato che in questo senso fu il 'grande vecchio' delle Federal Reserve americana, Alan Greenspan, a dare una mano decisiva, quando permise l'accesso del settore finanziario a montagne di denaro a tassi 'giusti', un trucco noto come il Greenspan Put. In Gran Bretagna questo fenomeno trasformò il volto del Paese, con una gigantesca bolla finanziaria che cresceva su Londra e una voragine nera che invece divorava il nord industriale dell'Inghilterra, con sofferenze umane inenarrabili. E nel resto d'Europa le cose seguirono a ruota. Naturalmente, come Minsky aveva predetto, le bolle speculative che nacquero da questa follia esplosero, con le conseguenze che oggi abbiamo davanti agli occhi.

~~Secondo, vi eran~~o altre due mire:

43   È bene ricordare che Margaret Thatcher, pur di origini umili in quanto figlia di fruttivendoli, fu allevata alla scuola economica di Chicago di Milton Friedman, cioè nella culla estrema del Neoliberismo delle elite.

a) distruggere come mai prima ogni senso di coesione sociale e di interesse comune, quelli che ci avevano elevati da secoli di sfruttamenti. Infatti, il mito dell'individuo-impresa di se stresso/a richiedeva la distruzione delle regolamentazioni statali per la tutela del bene comune, viste come un'odiosa interferenza nel proprio diritto di far soldi a palate e in fretta (da qui il successo del dogma Neoliberista dello 'Stato ristretto').

b) intrappolare milioni di cittadini in un solo sistema economico a misura di investitore. Infatti divenimmo tutti costretti a sostenerlo per la semplice ragione che quasi tutti noi avevamo messo i nostri risparmi in quei sistema. Un altro brillante trucco per cementare masse enormi di persone dentro il piano Neoclassico, Neomercantile e Neoliberista. (Non si dimentichi che fra l'altro questa tendenza modificò radicalmente il rapporto fra finanza e aziende. Queste ultime stornarono sempre più profitti dagli investimenti in cose materiali per giocarli in finanza speculativa, e per un po' incassarono fortune. Ma ciò fece sì che i gestori della finanza arrivassero a controllare quasi del tutto il salvadanaio di milioni di aziende, e quando il crollo di quei gestori arrivò... fra l'altro ne soffrì anche il mondo del lavoro, perché gli investimenti interni all'industria – come innovazione e rilancio evaporarono).

Ecco chi incassa

I virus mortali fanno una cosa: divorano l'organismo ospite fino a ucciderlo. Per nulla una strategia intelligente, poiché con l'ospite muore anche il virus. Le elite finanziarie e grandi industriali sembrano comportarsi esattamente allo stesso modo. A loro il concetto di valutazione del rischio sistemico – cioè fare attenzione alle conseguenze a lungo termine delle loro scommesse sulle società che le ospitano – è sconosciuto. Come si è detto, e in metafora, sono riusciti a prendersi la vacca grassa, ma la stanno mungendo a morte.

Ciò è fondamentale nel contesto di questo saggio, poiché una delle domande che più di frequente il pubblico pone dopo aver saputo cosa realmente ci hanno fatto è: *"Ma a cosa gli serve controllare la ricchezza mondiale se poi ci rendono tutti più poveri e ci distruggono le economie?"*. La risposta è importantissima, ed è purtroppo agghiacciate. Formerà il finale di questo scritto, ma posso anticiparvi che in ogni caso rimane vero quanto detto sopra: loro non si pongono il problema del domani, dei nuovi poveri, delle economie al collasso. Il loro orizzonte è oggi, è la chiusura di borsa di stasera, è l'incasso della scommessa sul debito greco di domani. Ma ecco chi incassa e come.

La svolta del terzo millennio fu il momento in cui i frutti di 75 anni di pianificazione Neoclassica, Neomercantile e Neoliberista si presentarono ai piedi delle elite. I due maggiori eventi dell'epoca, la crisi finanziaria dal 2007 ad oggi e l'implosione in atto dell'Eurozona, gli hanno regalato fortune inimmaginabili. Sono divisibili in cinque capitoli.

1) Bolle ipertrofiche e una massa di stupidi strizzati a dovere.

Torniamo alla domanda di cui sopra: "*Ma a cosa gli serve controllare la ricchezza mondiale se poi ci rendono tutti più poveri e ci distruggono le economie?*". Due risposte. La prima riparte dal dogma economico delle elite secondo cui lo Stato virtuoso spende come la buona famiglia, cioè guadagna di più di quanto spende. In altre parole: pareggiare i bilanci dello Stato, e questo è diventato una religione mondiale. Ma come si è detto, nel momento in cui il deficit a moneta sovrana si riduce, immediatamente la società dei cittadini diviene più povera. E cosa possono fare le persone se il reddito cala? O si rassegnano a una vita più magra, oppure fanno debiti. Badate che per molti non si tratta di continuare a fare gli aperitivi al mare o di comprare il terzo Ipad, ma proprio di sopravvivere con affitti, spesa, scuola dei figli o salute.

Durante gli anni '90 il presidente americano Bill Clinton fece di tutto per pareggiare i bilanci USA. In tal modo gli americani (salvo i ricchissimi) e le piccole e medie aziende furono costretti a far debiti per non affondare. Ma milioni di persone e aziende che fanno debiti significa che dall'altra parte si crea un'equivalente quantità di ricchezza finanziaria nelle mani di chi emette i crediti. Il settore finanziario si espande incredibilmente rispetto a quello che produce cose concrete, e ora detiene miliardi su miliardi di debiti emessi da cittadini e aziende (come accaduto anche in Francia, Spagna, Irlanda). La tentazione da parte dei creditori di giocare all'azzardo con tutti quei soldi (fittizi) è enorme. E lo fecero, creando un mondo surreale di prodotti finanziari composti da debiti impacchettati, poi re-impacchettati, e poi re-re-impacchettati, poi suddivisi in altri prodotti ancora e venduti a mezzo mondo come investimenti sicuri. Ci cascarono le maggiori banche del mondo, gli Stati, i risparmiatori, persino i Comuni. Ma era ovvio che questi azzardi che si giocavano su debiti di gente di ogni sorta sarebbero poi esplosi in un disastro globale. L'economista MMT Randall Wray commenta: "*Fecero a gara per selezionare i prodotti più rischiosi e rivenderli verniciati da investimenti sicuri, scommesse su mutui ad alto rischio dove vince a seconda dei casi chi indovina se il debitore lo ripagherà o no (…) Per ogni dollaro reale nel sistema ce n'erano 5 fittizi, e immense quantità di altri dollari inventati nei prodotti derivati (…) Ma impacchettarono anche i debiti delle carte di credito, degli studenti, di chiunque*"[44].

Fu una follia frenetica che si impadronì dell'ingordigia di tantissimi, inclusi i piccoli risparmiatori, ma si sappia che quando una cosa riscuote tanto successo sul mercato ovviamente il suo prezzo va alle stelle, causando il fenomeno noto

---

44   Money in Finance, L. Randall Wray, UMKC, 2010.

come "inflazione dei beni finanziari"[45]. E questa inflazione si trasformò in un pallone gonfiato enorme, che poi divenne una bolla speculativa cosmica, che alla fine, esplose come sempre accade a queste bolle scellerate. Non ci voleva un genio a capire che in giochi così astrusi e truffaldini vincono solo pochissimi esperti, furbi, e connessi coi poteri giusti per emergere vincenti dal maremoto. Sono gli investitori come Goldman Sachs, JPMorgan Chase, Morgan Stanley, Bank of America, Barclays Capital, Credit Suisse, Deutsche Bank, UBS, HSBC, BNP Paribas, ING Groep, Banco Bilbao, Rabobank, Banco Santander, Nomura, Wells Fargo, Societé General, o gli squali degli Hedge Funds come Bridgewater, John Paulson, Soros Fund, Goldman Sachs Asset Management, Tricadia, Magnetar, che speculano su altre speculazioni con astrusissime scommesse. In altre parole: ecco le elite che incassano mostruosamente, gli intoccabili che sfiorano la galera ma non ci finiscono mai. John Paulson e il suo Hedge Fund che complottava con Goldman Sachs, ha incassato 12 miliardi (sic) di dollari da questa crisi, che loro hanno orchestrato in gran parte e che intanto stava rovinando milioni di vite. Le cifre incassate dagli altri sono di pubblico domino, non mi dilungo qui a listarle.

Per riassumere: uno dei dogmi fondamentali delle elite Neoclassiche, Neomercantili e Neoliberiste, cioè pareggiare i bilanci, fu sfruttato per portare intere società in difficoltà economiche. L'indebitamento di famiglie e le aziende arrivò alle stelle e fu usato da una cabala di speculatori per fare miliardi su miliardi. Quasi tutti gli altri ci persero. Fiumi di lavoratori stanno soffrendo immensamente, milioni di aziende in tutto il mondo stanno fallendo, i Comuni sono stati fregati e hanno enormi buchi in rosso, i governi devono piombare nella Spesa a Deficit Negativa per salvare il salvabile, e per salvare anche le mega-banche criminose, perché se no ci trascinano ancora più giù. Ora capite perché li chiamo criminali.

2) Ricchezza sgonfiata, super profitti.

Per la seconda volta: "*Ma a cosa gli serve controllare la ricchezza mondiale se poi ci rendono tutti più poveri e ci distruggono le economie?*". Per capire la seconda parte della risposta, uno deve comprendere cosa significa la **Spirale della Deflazione Economica Imposta**.

È, questa, una delle parti del piano che è quasi affascinante nella sua dia-

---

45   Toporowski J., The End of Finance: The Theory of Capital Market Inflation, Financial Derivatives, and Pension Fund Capitalism. London: Routledge, 2000.

bolicità. Ricordiamoci che secondo la teoria economica del Modern Money Theory, e come si desume anche dai fatti odierni, gli effetti di tre dogmi del piano Neoclassico, Neomercantile e Neoliberista (cioè a) bisogna evitare la piana occupazione se no ci sarà inflazione, b) bisogna abbassare gli stipendi per creare occupazione, c) l'Euro sarà moneta non sovrana che tutti gli Stati devono prendere in prestito) si sono uniti all'Isteria da Deficit nel ridurre intere nazioni nella spirale della Spesa a Deficit Negativa e dei ricatti degli investitori internazionali. Ma come accade questo esattamente?

Immaginate una società che vive in una nazione sovrana (la società va definita come l'insieme dei cittadini e di tutte le attività private, **escluso lo Stato e il suo settore pubblico**). Immaginate questa società come fosse un contenitore. In esso ci saranno soldi, in quantità X (i soldi sono le banconote, i titoli di Stato, i conti correnti, i debiti ecc.). Normalmente quando in una società qualcuno fa denaro significa che qualcun altro lo ha speso, quindi si tratta di soldi che solamnete si spostano dalle tasche di uno a quelle dell'altro. Anche quando qualcuno ammassa una fortuna tutto quello che è accaduto è che un flusso di denaro si è spostato da molte tasche al conto di questo riccone. Ricordate sempre che abbiamo escluso lo Stato da questo ragionamento. Quindi stiamo parlando di ricchezza finanziaria che gira in tondo da qui a là e da là a qui a seconda di chi spende e di chi incassa. Non ci sono nuovi **soldi** netti che si aggiungono al contenitore, ma sempre gli stessi che entrano o escono in e da tasche. Anche quando le banche creano crediti, essi sono bilanciati dal debito di chi li riceve, quindi di nuovo nulla di netto si aggiunge al contenitore. Al netto significa denaro che si aggiunge **senza** che nessun altro se ne sia privato o senza che nessuno abbia contratto un debito corrispondente. Cioè ricchezza vera di cui tutti beneficiano.

Ma cosa accade quando il denaro nuove e al netto arriva nella società? Se il governo dirige quella spesa ad acquistare cose che noi offriamo (beni + servizi), all'aumento delle produttività e alla tutela dei cittadini (cioè Spesa a Deficit Positiva), allora inevitabilmente anche le aziende si arricchiranno, si creeranno posti di lavoro, aumenteranno gli stipendi e dunque i risparmi, e i risparmi saranno spesi per di nuovo arricchire qualcuno, ridistribuire ricchezza, creare ancora occupazione e così via in un circolo virtuoso. L'economia ne beneficia e anche la gente. Ok, ora fermi tutti. E facciamo questo percorso al contrario.

Immaginate che il governo smetta di versare più denaro nel contenitore di quanto lo tassi; in altre parole, smette la Spesa a Deficit Positiva perché i dogmi economici vigenti come l'Isteria da Deficit glielo impongono (come accade nel mondo reale). A quel punto le aziende si aspettano di vendere di meno e quindi assumeranno meno lavoratori; la disoccupazione aumenta e i risparmi delle famiglie calano, i cittadini spenderanno di meno, la richiesta di prodotti cala anch'essa e l'economia soffre. Tipicamente a questo punto arrivano le ricette per la ripresa economica dettate proprio dalle elite Neoclassiche, Neomercantili e Neoliberiste: tagliare gli stipendi, evitare la piena occupazione per tenere a bada l'inflazione, o persino privare i governi della loro capacità di spesa (come nell'Eurozona). Ricette che possono slo impoverirci ulteriormente. Una spirale a quel punto si innesca con ancor meno redditi, meno richiesta, meno vendite dappertutto, le aziende finiscono ancor più nei guai, licenziano di più, i governi devono intervenire a metterci delle costosissime (e inutili) pezze a suon di ammortizzatori sociali e salvataggi di banche e si ficcano sempre più nella Spesa a Deficit Negativa. Ma non finisce qui. Cala il PIL e quindi il deficit dello Stato sembrerà ancor più ipertrofico (perché viene calcolato in rapporto al PIL e se questo cala, la percentuale del deficit sul PIL cresce). A quel punto i mercati e le agenzie di rating (quelle che danno le pagelle alle economie) si allarmano, e spesso bocciano l'affidabilità economica di quei governi. Il Financial Times, commentando i guai della Spagna, ha scritto con efficacia che "*essa rischia di cader vittima di un circolo vizioso di bocciature che portano nervosismo ai mercati che di nuovo portano altre bocciature e tassi più alti da pagare*"[46]. Gli Stati sottoposti a questa spirale sprofondano vieppiù, e di regola questo è il momento dell'entrata in azione del Fondo Monetario Internazionale e dei consiglieri economici Neoclassici e Neoliberisti, quelli della notoria "*Terapia Shock*", che di sicuro prescrivono ancor più di questa medicina disastrosa: il governo deve risparmiare e tagliare dappertutto, specialmente nello Stato Sociale e negli stipendi pubblici. I tagli impoveriranno i cittadini sempre più, le aziende soffrono sempre più, e la maledetta spirale prende ancor più impeto. Siamo cioè nel pieno della **Spirale della Deflazione Economica Imposta**.

Nel caso dell'Eurozona, di cui tratterò nei dettagli più avanti, c'è una ulteriore colpo inferto alla stabilità economica. È causato dalla consapevolezza da parte dei mercati internazionali che una moneta non sovrana come l'Euro non è sostenibile, perché tutti gli Stati aderenti devono prenderla in prestito e non la possono emettere. E l'Eurozona non ha neppure un'autorità di spesa centrale, che rende le cose anche peggiori. Per gli Stati dell'Euro il rischio di bancarotta è a questo punto vero, ed è per questo che sono perennemente soggetti alla sfiducia dei mercati, che peggiora sempre più il disastro della Spirale della Deflazione Economica Imposta. E non accusatemi di sadismo se continuo: poiché i 17 Stati dell'Eurozona sono tutti prigionieri di un'unica moneta che non posseggono nonostante abbiano economie molto diverse, quelli più deboli

---

46   Spain Threatened with Fresh Downgrade, The FT, December 15, 2010.

non possono più aiutare la propria competitività svalutando la moneta sovrana (non l'hanno più). Inoltre sono limitati nella Spesa a Deficit Positiva anche dai Trattati UE (patto di Stabilità, ad es.), e a quel punto l'unica alternativa che gli rimane per essere competitivi è di svalutare... immaginate cosa? Gli stipendi, il nostro lavoro. Da cui sempre meno consumi, più aziende in crisi e ancor più carburante per la spirale.

In questo modo intere nazioni e i loro governi cadono nelle mani della "classe predatrice" degli investitori, speculatori e delle grandi corporations. L'economista americano Robert E. Prasch del Middlebury College ricorda il caso dell'Irlanda dopo la crisi finanziaria che "*costretta a vivere sotto una politica economica imposta da controllori stranieri non eletti e che non danno conto a nessuno – proprio come le accadde negli 800 anni di egemonia inglese*"[47]. Le persone soffrono immensamente, ma gli viene 'venduto' il mantra dei sacrifici necessari per salvare l'economia. È una menzogna, veramente un inganno criminoso. E ora gli squali arrivano a banchettare sulla catastrofe della Spirale della Deflazione Economica Imposta, ecco come:

Prima cosa, le corporations Neomercantili si vedono consegnare masse di occidentali disoccupati e sottoccupati che si fanno la guerra per pochi posti di lavoro e sono disposti ad accettare stipendi vergognosi, meno diritti e più ore. Le corporations traggono da ciò un ovvio costo-vantaggio sui mercati export internazionali, che è dove veramente gli interessa stare. In altre parole, "immense sacche di lavoro pagato quasi alla cinese, ma qui a casa loro"[48] che si uniscono alla manodopera già de localizzata nel Sud del mondo per garantirgli super profitti. Il caso della Germania è emblematico: negli ultimi 5 anni le corporations tedesche hanno goduto un aumento di produttività del 35% con gli stipendi che crescevano della metà rispetto alla media europea[49]. Ed è così che masse di lavoratori più poveri portano fortune nelle tasche dei Neomercantilisti. Come ha scritto il capo economista della scuola Modern Money Theory, Randall Wray, "*Loro pensano che più la deflazione economica divora una nazione, più diventa il paradiso delle speculazioni, dell'export competitivo, e delle privatizzazioni selvagge*"[50]. Questo stato di cose è la predizione del già

---

47   Robert E. Prasch, 'Disaster Capitalism' comes to Ireland, Znet, December 3, 2010.

48   Conferenza su Il Più Grande Crimine, Lugo, Paolo Barnard, Sett. 2010-

49   Dati OECD citati in 'Could be raining'. The European Crisis within the Great Recession. Riccardo Bellofiore, Joseph Halevi, 2010 – si veda anche Karl Brenke, Real wages in Germany. Numerous years of decline. Weekly report 28/2009, German Institute for Economic Research

50   Prof. Randall Wray in conversazione con l'autore, Maggio 2010.

citato economista francese Francois Perroux che si avvera 60 anni più tardi. Aveva detto: "*Il futuro garantirà la supremazia alla nazione o alle nazioni che imporranno la povertà che genera super profitti e quindi accumulo*"[51]. Inoltre, la Spirale della Deflazione Economica Imposta aprirà le porte agli speculatori che affonderanno i denti su di noi e ci dissangueranno ancor di più. Ecco come.

3) Ci puoi scommettere…

Scommettere i propri soldi negli affari con la speranza di farne di più non è alcunché di particolarmente nuovo. Ne *La Politica*, Aristotele ci racconta di come il filosofo Talete già nel VI secolo avanti Cristo aveva piazzato una scommessa vincente sul raccolto di olive dell'anno successivo, sbancando il mercato. Tuttavia, uno degli sviluppi più inquietanti della modernità è stata la sofisticatezza delle scommesse finanziarie. Fino a pochi anni fa pochissime persone, sia fra la gente che fra gli intellettuali, avevano mai sentito parlare di 'derivati'. Si tratta di prodotti finanziari il cui valore *deriva* da qualcos'altro: può essere un evento politico, o finanziario o pesino naturale che determina il valore finale di questi prodotti, oppure movimenti di azioni, titoli o risorse ecc. Sono operazioni rischiose che possono essere gestite con successo solo da investitori di professione. Soprattutto, sono il prodotto di costrutti matematici complicatissimi, inventati dai migliori talenti matematici delle università. Chiunque altro trova difficilissimo capire qualcosa in questi labirinti finanziari, persino i manager che li commissionano. Il governatore della Banca Centrale Europea, Jean Claude Trichet, è agli atti per aver detto che non ne capisce nulla: "*Stiamo cercando di capire cosa sta succedendo, ma è una sfida pazzesca*", dichiarò[52]. Il prestigioso Financial Times mise assieme un team di specialisti guidato da Gillian Tet che sgobbò per un anno prima di cominciare a comprenderli.

I loro nomi sono ugualmente astrusi: Credit Default Swaps, Credit Default Obligations, Banner Swapping, Over the Counter contracts, e altri. Ma quello che ci preoccupa qui è di svelare come questi derivati stiano aiutando le elite ad estrarre immensi profitti dalla rovina di intere nazioni. Come si è visto queste nazioni possono essere spinte in una spirale di guai economici che avvantaggiano i Neomercantilisti. Uno degli elementi centrali della Spirale della Deflazione Economica Imposta è il panico dei mercati per il debito pubblico degli Stati,

51   Questa citazione si trova nelle memorie di Albert Speers citate nel libro di Adam Tooze The Wages of Destruction: the Making and Breaking of the Nazi Economy, Penguin.

52   The Financial Times, Trichet warns of derivatives risk, January 29, 2007.

che si scatena soprattutto quando le agenzie di rating mostrano nervosismo nei confronti della possibilità di certi governi di onorare i propri titoli di Stato. Se questo nervosismo non cala rapidamente, i debiti nazionali vengono inchiodati al muro e il plotone d'esecuzione dei soliti noti non avranno pietà. A questo punto gli speculatori – singoli, Hedge Funds o istituti finanziari privati – scateneranno un'ondata di scommesse contro quei debiti instabili usando proprio i derivati. Le scommesse, si badi bene, saranno quasi tutte truccate e gli frutteranno fortune. Ecco alcuni casi semplificati per capire come funzionano.

Esempio 1. La Grecia è sull'orlo del baratro. Il suo debito nazionale è sotto il fuoco nemico, gli interessi che paga per convincere gli investitori a comprare i suoi titoli di Stato sono altissimi. Naturalmente nel momento in cui i suoi tassi si alzano, il valore dei suoi titoli crolla. Questo è il momento giusto per gli speculatori di piazzare le loro scommesse coi derivati contro il debito greco. La loro scommessa è che il debito crollerà di valore ancor più. Prendono in prestito una porzione di debito greco del valore di (es.) 500; lo rivendono immediatamente per quel valore e intascano 500. Poi aspettano per vedere se la loro predizione sul calo del valore del debito si avvera, e immaginiamo che accada (per ragioni che chiarisco fra poco); a quel punto gli speculatori ricomprano la stessa porzione di debito greco che ora vale solo 400, e lo restituiscono. Hanno incassato 100, puliti. (Tenete in considerazione che quando parlo di queste cifre semplificate mi riferisco a milioni di Euro o miliardi).

Esempio 2. Siamo sempre in Grecia. Uno speculatore fa un patto con un altro: gli venderà alla fine del mese una porzione di debito greco del valore di 500. L'altro si impegna a comprare quel debito per 500. Il primo speculatore in realtà non possiede alcun debito greco, ma scommette che esso calerà di valore prima della fine di quel periodo. L'altro invece scommette nella direzione opposta, cioè che il valore del debito si alzerà. Quindi, se il debito si deprezza, il primo uomo vince: alla fine del mese comprerà quella porzione per (es.) 400 e lo potrà vendere all'altro per la cifra concordata di 500. Ci guadagna 100. Nel caso contrario, se il debito invece si alza di valore, l'altro vince: comprerà la porzione per i concordati 500 mentre ora vale (ad es.) 600.

Esempio 3. Necessita di una breve spiegazione. Nel mondo della finanza internazionale ci sono delle specie di polizze assicurative che un investitore può acquistare per proteggersi da eventuali perdite o scommesse sbagliate. Si chiamano Credit Default Swaps (CDS). Se l'investitore scommette su qualcosa di molto rischioso, l'assicuratore alzerà il prezzo della polizza CDS. Quindi nel mondo dei mercati finanziari il prezzo in rialzo di questi CDS segnala che un investimento è rischioso o instabile. I CDS vengono venduti anche per proteggere chi possiede un pezzo di debito sovrano (titoli) contro la possibilità che esso si deprezzi a causa del giudizio negativo delle agenzie di rating. Ok, torniamo in Grecia. Un gruppo di speculatori compra molte polizze CDS contro il deprezzamento del debito greco, mentre scommettono proprio che il deprezzamento accadrà davvero. Possono fare questo anche se non posseggono alcun titoli di debito, come dire che uno si assicura su una casa che non è sua. Ma attenzione alla sequenza: l'acquisto di molti CDS sul debito greco ne alza il prezzo, e siccome il loro prezzo in rialzo segnala che l'oggetto assicurato è rischioso e instabile, i mercati penseranno che il debito greco è a rischio di instabilità. In risposta a questo allarme, le agenzie di rating declasseranno il debito di Atene, e per l'effetto domino il prezzo dei CDS sulla Grecia considerata ora rischiosissima salirà ancora, e gli speculatori, che ne avevano acquistati molti, li possono rivendere con profitto.

Tutte queste scommesse si chiamano fare "*shorting*". E sono tutte e tre truccate. Ecco perché: in tutti gli esempi il fattore cruciale nella vittoria delle scommesse è che il debito si deprezzi, perda valore. Sappiamo da quanto detto in precedenza che le ricette Neoclassiche, Neomercantili e Neoliberiste che vengono sempre applicate alle economie nei guai sono specificamente studiate per spedirle dritte nella Spirale della Deflazione Economica Imposta. Quando questo succede, i debiti nazionali appariranno sempre più instabili e di sicuro perderanno di valore con le bocciature delle agenzie di rating. Per cui gli speculatori scommettono su qualcosa che è quasi garantito che accada, mentre i loro 'amici' al Fondo Monetario Internazionale e alle agenzie di rating gli spianano la strada. E' come scommettere che le tue finestre andranno in pezzi perché so che un mio amico stanotte gli tirerà le pietre. Ma nel terzo esempio le cose sono anche più criminose. Infatti, anche se per case un dato debito sovrano non era particolarmente a rischio, l'acquisto da parte degli speculatori di masse di CDS su quel debito è spesso sufficiente per causare il panico che ne causerà il deprezzamento, assicurando agli speculatori ciò che cercano. Ciò accade più facilmente nel caso di Stati con un debito denominato da una moneta non sovrana, come noi dell'Eurozona.

Ora si faccia attenzione: si sta parlando di scommesse che destabilizzano intere nazione e le loro famiglie, lavoratori, aziende. Già esse stanno soffrendo sotto la Spirale della Deflazione Economica Imposta, e questi speculatori le spingono sempre più sull'orlo del burrone. Essi incasseranno fortune mente milioni di cittadini dovranno vivere sempre più nell'incertezza, nell'indigenza, nella disoccupazione, e senza che veramente fosse necessario. Questi criminali saltano da una nazione all'altra nei loro attacchi, e nessuno li può fermare.

4) Vendere l'argenteria di casa.

E ora arrivano gli investitori d'elite. Si piazzano al centro della Spirale della Deflazione Economica Imposta e giocano il ruolo dei volenterosi compratori dei beni pubblici per aiutare i governi a ridurre i deficit. Le privatizzazioni a man bassa sono uno dei pilastri della "Shock Therapy" che i manovratori Neoliberisti somministrano alle nazioni indebitate. Ma anche qui l'inganno è totale. Non solo perché è proprio il dogma economico delle elite degli investitori che ha sospinto quei governi nella Spirale della Deflazione Economica Imposta e nelle necessità di privatizzare, ma anche perché sappiamo che qualsiasi Stato con moneta sovrana non ha alcun bisogno di privatizzare alcunché per onorare i suoi debiti. Ma continuiamo, perché la truffa diventa ancora più perfida di così. Infatti è noto che le nazioni oberate dalla Spesa a Deficit Negativa e sottoposte all'Isteria da Deficit di solito privatizzano tutto ciò che possono per racimolare denaro per pareggiare il bilancio. Tuttavia a causa della Spirale della Deflazione Economica Imposta in cui sono state costrette dai noti manovratori, i loro beni sono svalutati poiché appartenenti ad economie svalutate. Verranno così venduti sottoprezzo. In questo modo gli investitori d'elite potranno acquisire a prezzi stracciati beni pubblici che costarono generazioni di lavoratori per essere edificati, spesso con immensi sacrifici. I cittadini vengono posti nella grottesca condizione descritta con sagacia dal primo ministro inglese Harold Macmillian come quella di chi *"Deve vendere l'argenteria di famiglia"* ... *"solo per poi doverla noleggiare per mangiare la cena"*, aggiunse molti anni più tardi un altro perspicace commentatore[53]. Ed è proprio così. Infatti anche uno sguardo distratto alla storia delle privatizzazioni sia in Occidente che nei Paesi in via di Sviluppo, ci mostra l'evidenza di un guadagno finanziario microscopico per gli Stati, e quindi un impatto minimo sulla riduzione del deficit, a fronte di aumenti delle bollette per i cittadini in tutti i servizi privatizzati che una volta erano pubblici, fra cui molti che prima erano erogati gratis[54].

È una questione di semplice logica: i servizi ai cittadini come la Sanità o l'istruzione non possono essere condotti come business per profitto, anche solo per il fatto che l'età anziana si sta espandendo demograficamente, e a causa dei crescenti standard scolastici dei ragazzi. Profitti in questi settori significa solo una cosa: l'esclusione dalle fila dei clienti di coloro che non hanno mezzi a suf-

---

53   Yves Smith, Wisconsin's Walker Joins Government Asset Giveaway Club, Naked Capitalism, February 22, 2011.
54   Si veda per esempio il Transnational Institute http://www.tni.org/article/water-privatization-does-not-yield-cost-savings; anche la devastante esperienza del Sud Africa citata da George Monbiot in On the Edge of Lunacy, The Guardian, January 6th, 2004.

ficienza per pagare, come già accade di regola nei sistemi privati di USA e GB.

Dunque gli investitori d'elite acquisiscono pezzi di beni pubblici scontati, ma qui la strategia diventa ancor più socialmente devastante per almeno altri due fenomeni: le *slimming down operations* (operazioni di dimagrimento) e la *captive demand* (la richiesta prigioniera). Le prime sono un trucco che usano i mercati azionari per strizzare più valore possibile da un'azienda privatizzata senza per nulla curarla: il nuovo management farà 'dimagrire' il numero di dipendenti licenziandoli con la scusa dei tagli necessari a riportare l'azienda in attivo. Lo Stato è spesso chiamato a operare la Spesa a Deficit Negativa per rimediare alla disastro sociale per i lavoratori. L'azienda viene ora vista dagli investitori come appetibile perché ha ridotto il costo del lavoro, e vede subito un rialzo del valore delle sua azioni; il management ne incasserà bonus di fine anno favolosi, senza curarsi troppo del destino di quella attività. La richiesta prigioniera è invece una strategia di investimento sicuro che va sempre più di moda fra le elite: esse si precipitano a comprare i servizi **essenziali** ai cittadini che i governi privatizzano – acqua, luce, gas, autostrade, treni, Sanità, telefonia persino carceri o cimiteri – perché questi sono servizi di cui il cittadino **non può fare a meno**, ed è costretto a richiederli, cioè a pagarli. Possiamo rinunciare all'ultimo Ipad, possiamo decidere che non saremo clienti dei ristoranti quest'anno, ma non possiamo smettere di bere, cucinare, scaldarci, guidare al lavoro o seppellire un caro defunto. Diventiamo così clienti 'prigionieri' di quei servizi privati, e quindi contribuenti forzati ai profitti di chi li possiede e a qualsiasi prezzo. L'economista Randall Wray ci ricorda che "*l'uomo più ricco del mondo è Carlos Slim che possiede le Telecom messicane. I messicani sono in maggioranza poverissimi, ma non possono smettere di usare il telefono, magari mangiano di meno, ma la bolletta Telecom devono pagarla*".

Aggiungiamo un piccolo pezzo a questa vergogna: per ogni grande privatizzazione di beni pubblici, le grandi banche d'investimento sono chiamate a fornire i loro servigi, e incassano parcelle milionarie che si aggiungono poi al costo totale della privatizzazione. E indovinate che lo pagherà?

Riassumendo: impoverire un'intera economia permette agli investitori d'elite di acquisire beni pubblici immensi a prezzi stracciati, di incassare su questi anche bonus finanziari favolosi e di forzare i cittadini a pagare i futuri servizi a qualsiasi prezzo essi saranno forniti.

5) Il gran finale GATS...

E alla fine c'è il GATS, il gran finale che le elite stanno preparando per questa parte del loro piano. Come già ricordato, esse tenteranno sempre di cementare i loro interessi in leggi sovranazionali. GATS significa Accordo Generale per il Commercio dei Servizi ed è uno dei capitoli più allarmanti dell'Organizzazione Mondiale del Commercio (OMC) che si sta discutendo ora fra i suoi 153 Paesi membri. Una volta ratificato da essi, il GATS diventerà legge nazionale e le nazioni che lo violano saranno passibili di multe pesantissime decise da un tribunale dell'OMC[55]. GATS tratta proprio di servizi, fra cui in primo piano sono quelli essenziali. Esso impone agli Stati di comporre entro una certa data una lista di servizi pubblici da privatizzare, e a tutt'oggi già diverse scadenze sono passate a causa dei litigi fra governi. Detto ciò, e non potendo qui scrivere un trattato su questo accordo immenso, è di rigore sottolineare alcuni punti: GATS nutre le ambizioni delle elite Neoliberiste poiché il suo scopo generale è di strappare agli Stati, cioè privatizzare, il maggior numero di servizi possibili, come l'istruzione, Sanità, pensioni, acqua, fognature, librerie, utenze, bus scolastici, servizi d'emergenza ecc. Semplicemente esso fornisce lo schema legale futuro della notoria 'richiesta prigioniera' (leggi sopra) e contiene regole che proibiscono ai governi nazionali e anche a quelli locali/regionali di far valere molte legislazioni che oggi sono favorevoli ai consumatori, ai lavoratori e anche a certe aziende. Questo perché il cuore di tutti gli accordi sovranazionali dell'OMC, e dunque anche del GATS, è il principio del "meno restrittivo possibile" per il Libero Mercato. Esso afferma che se una legge nazionale o locale ostacola il libero flusso del commercio – per motivi di protezione della salute/ambiente, per promuovere un settore di lavoro nazionale, o per proteggere le aziende locali dall'assalto delle multinazionali – allora tali regole possono essere contestate presso il tribunale dell'OMC a Ginevra. In esso, tre tecnocrati non eletti hanno il potere di sanzionare con multe immense lo Stato che disobbedisce all'accordo (così immense che persino gli USA cedettero in passato). E' così che GATS, una volta ratificato, spedirà milioni di cittadini – abili o disabili, giovani o vecchi, sani o ammalati – nelle mani di fornitori di servizi essenziali privati alla rincorsa solo di profitti e senza neppure regolamenti pubblici che ci proteggano[56]. GATS è l'ennesimo capitolo del piano delle elite di evirare gli Stati sovrani in qualsiasi modo.

Riassumendo: un accordo dal potere sovranazionale in via di approvazione

55   Public Citizen negli USA ha pubblicato una denuncia dei poteri dell'OMC su suo sito; si veda anche Paolo Barnard e la sua inchiesta del 2000 per Report, RAI TV, I Globalizzatori, http://www.youtube.com/watch?v=0YHnficHg_U.

56   Si veda per esempio le proposte del GATS chiamate "Disciplines on Domestic Regulation" o le regole dell'Articolo VI.4.

fra 153 governi li costringerà a consegnare ai grandi investitori i sevizi essenziali, e questi piomberanno a far profitti favolosi. Una rapina scolpita in leggi
inattaccabili.

Oltre ogni immaginazione

È un fatto riconosciuto che gli Stati Uniti d'America siano stati per gli scorsi 40 anni il laboratorio di quasi tutte le innovazioni politiche, sociali, tecnologiche e talvolta pesino culturali. L'America è sempre stata meglio, più veloce e nuova, con solo alcune chiare eccezioni. Una di queste è precisamente il piano Neoclassico, Neomercantile e Neoliberista. Qui, sorprendentemente, l'Europa ha superato gli States. Di fatto il Vecchio Continente ha oggi raggiunto delle vette tali nella distruzione degli Stati, delle sovranità e delle democrazie da spingere gli USA giù dal podio più alto. Ciò cui stiamo assistendo in quel Paese ora (mentre scrivo questo saggio) è una follia politica che deriva da anni di lavaggio del cervello Neoliberista sia del pubblico che dei politici, che è poi il piano di cui tratto qui. Il Congresso USA è nel mezzo di una crisi isterica da Deficit e da Debito che si è santificata in un credo nazionale e che sta devastando la loro economia con accordo dei due partiti maggiori. Lo stesso sta succedendo in Europa, ma con una differenza cruciale e spaventosa: e cioè che la medesima follia politica è stata qui da noi scolpita in una serie di leggi sovranazionali fatte da oscuri tecnocrati che nessun europeo ha mai eletto e a cui tutti i parlamenti sovrani devono inchinarsi, e senza più monete sovrane.

C'è una metafora azzeccata per descrivere la differenza fra USA e UE in questo caso. Entrambi stanno affrontando una minaccia gravissima alla loro sopravvivenza economica e sociale, che qui chiamo il *piano*. Ora immaginateli come due uomini che sono nella savana, il *piano* sono due leoni che hanno di fronte. Le due belve attaccano. Gli USA sono l'uomo che **ha il fucile**, infatti ancora hanno una moneta sovrana e la sua sovranità politica è solo in parte compromessa. La scuola economica del Modern Money Theory ci insegna che il governo americano potrebbe svegliarsi e usare la sua sovranità monetaria e politica per scacciare quasi ogni minaccia economica operando la Spesa a Deficit Positiva, perché da un punto di vista contabile è impossibile che faccia fallimento sul suo debito sovrano (spiegazioni nella Parte Tecnica). Le autorità americane **hanno scelto** di non usare quel fucile, è una decisione politica presa per obbedire ai diktat del *piano* Neoclassico, Neomercantile, Neoliberista. In Europa, al contrario, e nell'Eurozona in particolare, anche se i governi si svegliassero non **potrebbero usare il fucile** della politica sovrana e della Spesa a Deficit Positiva perché **non l'hanno più**. In Europa il piano delle elite ha privato tutti gli Stati membri di gran parte della loro sovranità parlamentare, e chi ha adottato l'Euro ha perduto completamente la sovranità monetaria e di spesa. A questo punto essi veramente sono in pericolo di fallimento, con le conseguenze catastrofiche che abbiamo davanti agli occhi proprio ora[57].

Le implicazioni a lungo termine di questa differenza sono immensamente importanti. Negli USA c'è una luce possibile alla fine del tunnel: per gli americani è solo una questione di costringere i loro politici a premere l'interruttore giusto. In Europa non c'è più alcuna luce né interruttore da premere, a meno di non ricrearli da zero. E peggio: nell'Eurozona di oggi quelle che sarebbero le giuste funzioni di uno Stato stanno per essere messe fuorilegge. Permettetemi di ricordarvi di seguito ciò che ho già scritto in diverse parti di questo saggio, e cioè come è conciata la UE oggi.

È di fatto governata da un governo non eletto dai cittadini che si chiama Commissione, con base a Bruxelles, e formata da tecnocrati pesantemente influenzati dalle lobby finanziarie e del business[58]. Le leggi che promuove sono sovranazionali e possono prevaricare persino le Costituzioni nazionali[59]. L'uni-

---

57   Per un'analisi approfondita si veda il Transnational Institute di Amsterdam http:// www.tni.org/, o Corporate Europe Observatory a Bruxelles http:// www.corporateeurope.org/. Ma anche i pezzi di Stephanie Kelton sulla UE su http://neweconomicperspectives.blogspot.com/.

58   Corporate Europe Observatory, A Captive Commission – the role of the financial industry in shaping EU regulation, Nov. 5, 2009,

59   Questo è il testo completo del principio di supremazia delle leggi UE sulle leggi nazionali e sulle Costituzioni: "Concerning the primacy of EU law, the IGC will adopt a Declaration recalling the existing case law of the EU Court of Justice. Footnote 1: Whilst the Article on primacy of Union law will not be reproduced in the TEU, the IGC will agree on the following Declaration: "The Conference recalls that, in accordance with well settled case-law of the EU Court of Justice, the Treaties and the law adopted by the Union on the basis of the Treaties have

ca istituzione europea direttamente eletta dai cittadini è il parlamento UE, ma esso non può promulgare leggi né proporle, e ha grandi difficoltà a ostacolare le direttive della Commissione. La sovranità monetaria e di spesa degli Stati europei e di quelli dell'Euro soprattutto è stata distrutta dai Trattati europei, in obbedienza con il piano delle elite di impedire ai governi ogni Spesa a Deficit Positiva per i cittadini. Ciò è stato ottenuto, oltre che con un lavoro ideologico, con l'introduzione dell'Euro che è una moneta non sovrana emessa da 17 banche centrali e che deve essere presa in prestito da ciascuno Stato bussando alle porte dei mercati dei capitali privati che acquisiscono gli Euro alla loro emissione. Infine, tutto ciò è stato cementato in legge sovranazionale dai Trattati europei come Maastricht (1993) e Lisbona (2007).

Questo colpo di Stato politico e finanziario, come l'ha definito l'economista Michael Hudson[60], è stato ora perfezionato a livelli inimmaginabili. Titoli astrusi come *The Stability and Growth Pact, The European Semester, Preventing Macroeconomic Imbalances, The Europact*, nascondono un trasferimento di potere dagli Stati sovrani alle elite che non ha precedenti nella storia delle democrazie. I cittadini europei non hanno la più pallida idea di ciò che viene 'cucinato' nelle esclusive stanze della Commissione a Bruxelles. I media ne riportano solo piccoli accenni nascosti nelle pagine finanziarie, nulla viene detto in tv. Ma cosa sta succedendo esattamente?

Quanto segue è un pelo tecnico, ma severe a illustrare con autorevolezza quanto affermo.

La Commissione Europea non eletta, in accordo con i diktat di due delle più potenti lobby finanziarie Neoliberiste del mondo, ha deciso di

---

primacy over the law of Member States, under the conditions laid down by the said case-law." In addition, the opinion of the Legal Service of the Council (doc. 11197/07) will be annexed to the Final Act of the Conference. Note 11197/07 doc. 580/07 from the EU Legal Service states: "It results from the case-law of the Court of Justice that primacy of EC law is a cornerstone principle of Community law. According to the Court, this principle is inherent to the specific nature of the European Community (...) National constitutions and the Lisbon Treaty: conflicts are resolved by the EU Court, 344 TFEU obligation of loyalty, 4.3 TEU, 24.3 TEU. In Opinion 1/91 of the European Court of Justice, the European treaties are described as "the Constitutional Charter of a Community of Law, a new legal order for the sake of which the States have limited their sovereign rights".
60   Michael Hudson, A Financial Coup D'Etat, Counterpunch, October 1-3, 2010.

- inasprire le regole di bilancio sovranazionali non democraticamente scelte che stanno paralizzando gli Stati in ogni residua Spesa a Deficit Positiva per il pubblico;

- avere pieno controllo dei bilanci degli Stati persino prima che siano presentati ai parlamenti sovrani;

- interferire nelle politiche nazionali di fisco, Stato Sociale, lavoro, redditi con poteri sovranazionali;

- imporre penalità monetarie severe sugli Stati che sgarrano;

- scaricare i costi delle sue politiche pro elite sulle parti più deboli della cittadinanza europea, e di imporre regole di competitività che si basano solo sul calo dei redditi e sui tagli al Sociale;

- rendere illegale le politiche di Spesa a Deficit Positiva degli Stati UE oltre un limite estremamente ridotto.

Tutto ciò, ricordiamoci, attraverso Trattati e leggi sovranazionali. Cito il commento di un analista europeo, il quale ha predetto che questo stato di cose *"avranno un potere di soffocamento delle politiche di spesa paragonabile a quello della bomba atomica sulle politiche di sicurezza"*[61]. Ora le vediamo nei dettagli.

Lo *Stability and Growth Pact* (Patto di Stabilità) è parte del sovranazionale Trattato per il Funzionamento dell'Unione Europea (TFEU) e impone agli Stati di mantenere il deficit di bilancio al 3% del PIL e il debito pubblico al 60% del PIL, e non oltre. Fu pensato dell'ex ministro delle finanze tedesco Theo Weigel e pone tutti i governi aderenti in quella che la stampa finanziaria oggi chiama *"la camicia di forza"*. I lettori avranno già visto qui le solite conseguenze di queste regole: gli Stati sono limitati gravemente nella loro capacità di spesa. Questa *"camicia di forza"* è troppo stretta per consentire ai governi qualsiasi respiro di spesa sovrana, che di nuovo è proprio quello che le elite volevano ottenere. E non è solo una questione di regole severe, ci sono anche delle penalità finanziarie severe: multe dello 0,2% del PIL sono sul tavolo delle proposte (si tratta di miliardi di euro alla volta). Queste sanzioni saranno votate da una 'maggioranza al contrario', un altro dei capolavori anti democratici della UE: i ministri dovranno trovare una maggioranza per bocciare le multe della Commissione, i parlamenti sovrani non possono intervenire, nel paradosso di funzionari so-

61   Prof. Peder Needergard citato dal Danish Daily Politiken il 7 Settembre 2010 e citato in Corporate EUtopia, Corporate Europe Observatory, Gennaio 2011.

vrani che devono faticare per contenere i diktat di tecnocrati che nessuno ha eletto.

Ma di gran lunga le conseguenze più severe del non rispetto di questa "*cami-cia di forza*" saranno inflitte dalle agenzie di rating. Dapprima esse sussurreran-no preoccupazione per gli Stati che sgarrano, ma questo scatenerà l'usuale panico dei mercati e il rialzo dei tassi sui titoli di Stato per i governi sotto accusa (i mercati esigeranno tassi alti per comprare quei titoli che l'allarme delle agenzie di rating ha dipinto come a rischio). Poi arriveranno le bocciature delle agenzie (i downgrades) e con esse il collasso di quei governi nella Spirale di Deflazione Economica Imposta, con tutti i disastri che sappiamo.

Il *European Semester* è un titolo che sembra innocuo ma che nasconde un passo enorme del colpo di stato finanziario che sta sconvolgendo l'Europa. Se-condo le nuove regole della Commissione UE, i governi dovranno sottomettere i loro bilanci sia alla Commissione che al Consiglio Europeo nell'aprile di ogni anno. I due li esamineranno e manderanno delle raccomandazioni. Solo **dopo** questa procedura i governi potranno sottometterli ai propri parlamenti. Questo è grave, ed ha portato persino Giulio Tremonti a definirlo "*un colossale trasferi-mento di responsabilità (…) le politiche di bilancio non sono più nazionali*"[62]. Ma cosa accade se la Commissione obietta su parti di quei bilanci? Una procedura chiamata Preventing Macroeconomic Imbalances entra in azione. Concede alla Commissione e al Consiglio Europeo poteri ampi di intervenire sulle politi-che del lavoro, sulla tassazione, sullo Stato Sociale, sui servizi essenziali e sui redditi. Possono pretendere cambiamenti in tutte queste aree, ma naturalmen-te le prescrizioni saranno tagli a tutte le spese sociali e un aumento di alcune tasse. Ed è stato proprio il nostro tecnocrate europeo Marco Buti a dichiarare perentoriamente che "*Quando gli stipendi nel settore pubblico danneggiano la competitività e la stabilità dei prezzi allora la nazione sotto esame dovrà cam-biare le sue politiche*"[63]. Alla faccia della sovranità nazionale. E poi, col pretesto di aumentare la competitività, le stesse prescrizioni saranno imposte agli Stati membri e nelle medesime politiche. Nell'ottobre del 2010 la European Trade Union Confederation rilasciò la seguente dichiarazione a commento di quanto sopra: "*Tutti stanno tagliando, anche gli stipendi reali più forti stanno calando, le pensioni sono decimate; questo poi riduce la richiesta di beni e servizi. Si tratta di politiche economiche pro-cicliche che ci riportano a una recessione gravissima*"[64]. Di nuovo, ci sono sanzioni pronte a mordere qualsiasi Stato ribelle se è membro

62   EUbusiness.com, 10 Gennaio 2011 e Reuters 10 Gennaio 2011.
63   Marco Buti, Die Welt Online, 27 Settembre 2010.
64   ETUC, Austerity is the road to ruin, October 27, 2010, http://www.etuc.org/a/7777.

dell'Eurozona, e se è solo membro UE può essere punito col ritiro dei finanziamenti europei[65].

Infine l'Europact. Adottato dai capi di governo dell'Eurozona il 24 marzo 2011, stabilisce regole del tutto Neoliberiste e Neomercantili che combaciano alla perfezione coi già citati pilastri del piano: 1) la Commissione Europea non eletta viene confermata come l'organo in controllo dei decreti finali europei, e col compito di monitorarne l'ubbidienza. 2) la competitività è giudicata in rapporto al contenimento degli stipendi e all'aumento della produttività, con un monito secondo cui "gli aumenti notevoli e continuati nel costo del lavoro possono erodere la competitività". 3) gli stipendi pubblici devono essere tenuti sotto controllo per non danneggiare la competitività , "tenendo a mente l'importante effetto trascinatore degli stipendi pubblici". 4) la sostenibilità del debito nazionale viene giudicata a seconda della presunta generosità di spesa nella Sanità, Stato Sociale, e ammortizzatori sociali (nessun accenno ad altre spese succhia denaro come quelle militari). 5) le pensioni e gli esborsi sociali devono essere riformati "allineando il sistema pensionistico alla situazione demografica nazionale, per esempio allineando l'età pensionistica con l'aspettativa di vita" (sic!). 6) i deficit che superano i limiti già soffocanti del Patto di Stabilità (la camicia di forza), saranno resi illegali dagli Stati membri che dovranno creare leggi interne ad hoc di "natura sufficientemente severa e duratura". Ciò significa semplicemente che qualsiasi Spesa a Deficit Positiva per ottenere la piena occupazione e crescita sarà un reato[66].

Larghe parti di questo edificio Neoliberista all'estremo sono state concepite dalle potenti lobby Neoliberiste Business Europe (BE) e European Roundtable of Industrialists (ERT), e sono state presentate alla Commissione Europea mesi (se non anni) prima che arrivassero nel marzo del 2011 sulle scrivanie dei capi di governo europei. L'arroganza di queste due lobby, e la loro solida consapevolezza del successo del piano, si può osservare in una dichiarazione dell'ex presidente dell'ERT, Daniel Janssen, rilasciata in occasione dell'incontro di Tokyo della Commissione Trilaterale nel 2000: "*Da una parte stiamo riducendo il potere dello Stato e del settore pubblico con le privatizzazioni e la deregulation (…) Dall'altra stiamo trasferendo molti dei poteri nazionali degli Stati a una struttura più moderna a livello europeo, con l'unificazione in progresso che aiuta i business internazionali come il nostro*"[67]. Ma venendo più precisamente al colpo di Stato

---

65   Corporate EUtopia, How new economic governance measures challenge democracy, Corporate Europe Observatory, January 2011.

66   Europact. Conclusions of the Heads of State or Government of the Euro Area, Brussels, March 11, 2011.

67   Daniel Janssen, The Pace of Economic Change in Europe, Meeting di

finanziario di cui sopra, va detto che già nel 2002 il ERT aveva preteso che "*le implicazioni dei bilanci nazionali e delle politiche di spesa allo stadio della prima ideazione siano controllati a livello della UE*"[68]. Questo è precisamente ciò che il European Semester più tardi decreterà. Busimess Europe lo troviamo nel 2010 a chiedere apertamente "un meccanismo forte di costrizione che assicuri obbedienza" assieme a "*un sistema di penalità graduali e di multe in caso di ripetuta indisciplina*"[69]. Il capitolo sulle sanzioni di Preventing Macroeconomic Imbalances asseconderà questa pretesa pochi mesi più tardi. Il capitolo sulle sanzioni di Preventing Macroeconomic Imbalances asseconderà questa pretesa pochi mesi più tardi.

Il BE fu coinvolto ancor più nella stesura dell'Europact. Il gruppo di studio olandese Corporate Europe Observatory ha complilato un raffronto fra le richieste di BE presentate ai tecnocrati della UE e il testo ufficiale dell'Europact. Fa venire i brividi a leggerlo, poiché molte parti del testo europeo sembrano un copia incolla di quanto scritto da BE. Per esempio, il ruolo supremo della Commissione fu chiesto in una lettera di BE del 4 di marzo 2011, venti giorni prima che comparisse nel testo dell'Europact. BE usò parole sfacciate: "*Sottolineiamo il bisogno di dare un ruolo di primo piano alla Commissione, e di limitare il potere degli Stati Membri*". Per quanto riguarda i redditi, nell'autunno del 2010 BE aveva insistito che "*è importante una maggiore flessibilità nelle strutture di contrattazione dei salari*", che si è tradotto nell'Europact in "*rivedere le strutture decisionali sui salari e dove necessario il grado di centralizzazione di tale contrattazione*". (Non si chiedano i lettori da dove è venuta la recente decisione del governo italiano di fare precisamente la stessa cosa e sancita dalla finanziaria d'emergenza del settembre 2011. La risposta è ovvia) L'idea di allineare l'età pensionabile all'aspettativa di vita fu scritta da BE nel modo più chiaro già un anno prima che l'Europact proponesse di fare precisamente la medesima cosa. Nel testo di BE la frase era "*mettete in relazione l'effettiva età pensionabile con l'aspettativa di vita*"; nell'Europact la frase sarà "*allineare l'età pensionabile con l'aspettativa di vita*". Ancor più incredibilmente sfacciati sono i diktat di BE sul fatto che ogni forma di Spesa a Deficit Positiva al di sopra di quantità irrisorie sia resa illegale dai parlamenti nazionali della UE. Fra il giugno 2010 e il marzo 2011 BE pubblicò due memoranda dove comparvero parole come "*trasposizione di regole sul deficit e sul debito in leggi nazionali*" e "*barriere al debito pubblico dovrebbero essere introdotte nelle leggi nazionali*"[70].

Tokyo della Commissione Trilaterale nel 2000.

68   ERT, EU Governance, ERT Discussion Paper, May 30, 2002, http:// www.ert.be/ doc/0053.pdf.

69   Business Europe, The Madrid Declaration, June 11, 2010.

70   Corporate Europe Observatory, Business against Europe: BusinessEu-

... e tutti i pezzi del mosaico cadranno nel posto giusto

A larghe linee ci sono due interpretazioni di come si sono evolute le politiche, le economie e le società nel mondo occidentale contemporaneo. La prima è quella più comunemente condivisa dalle persone. Essa crede che quello cui stiamo assistendo sia il risultato di un continuo tiro alla fune fra molte forze sociali in opposizione. A loro volta queste producono un misto disordinato di tendenze economiche ed eventi politici benefici o dannosi a seconda dell'abilità dei nostri politicanti, che verranno infatti premiati o puniti al voto. Talvolta accadimenti esterni che maturano nel complesso mondo dei mercati globalizzati causeranno problemi o disastri che noi chiamiamo crisi economiche, recessioni o depressioni. Le genti e i loro governi, si pensa, hanno poco controllo su queste cose e devono ogni volta lottare per porvi rimedio.

Ma c'è un'interpretazione alternativa per tutto ciò: nulla di quanto si vede oggi nella conduzione delle economie e delle società è apparso per caso o attraverso un processo dialettico sociale. Non avrebbe potuto, perché troppo era in gioco e cioè la conquista della fetta maggiore della ricchezza mondiale ora e in futuro, nientemeno. Con un simile bottino che poteva ricadere nelle mani dei popoli oppure delle elite nella seconda metà del XX secolo, non si può immaginare che le seconde avrebbero permesso alla gara di svolgersi ad armi pari. Nulla, neppure il dettaglio più microscopico, poteva essere lasciato al caso. Da qui il *piano*. Questa interpretazione è la lente attraverso la quale io vi invito a

rope celebrates social onslaught in Europe. March 23, 2011

guardare se volete comprendere sia il Vero Potere odierno sia la tragedia economica che ci sta inglobando. A quel punto tutti i pezzi del mosaico cadranno al posto giusto.

Possiamo con ragione affermare che il gran piano del ritorno ai vertici delle elite negli ultimi 75 anni ha ora prodotto risultati che superano uno scenario orwelliano per il terzo millennio. Vedere milioni di persone nel mondo che trattenevano il fiato mentre il conto alla rovescia del default (bancarotta) americano si avvicinava allo zero nel luglio del 2011 è un esempio. È stato esattamente come se milioni di persone avessero trattenuto oggi il respiro in attesa che la prossima nave cada giù dal bordo della mondo, poiché gli era stato detto che la terra in realtà è piatta. Follia, una follia di proporzioni epiche, perché gli USA potrebbero fare default **solo per scelta politica**, mai a causa di una necessità economica, così come una nave non cadrà mai giù dal bordo del pianeta[71]. Ma 75 anni di lavaggio del cervello da parte delle elite hanno convinto intere nazioni e masse di individui anche colti che ciò poteva accadere. Il risultato è che Obama ha deciso di affamare un'America già ischeletrita sottraendogli altri 2,5 trilioni di dollari per il beneficio esclusivo di una microscopica elite di investitori e di corporations. La sofferenza umana che ne scaturirà è orrenda, e si accumula su quella già esistente. Eccolo il presidente Democratico che batte qualsiasi altra amministrazione precedente nella sua gara ad arricchire da favola l'1% degli americani. Dalle parole dell'economista Warren Mosler: "*Lo chiamano 'socialista' che prende dai ricchi e dà ai poveri, ma i fatti dimostrano invece che Obama ha presieduto il più ampio trasferimento di ricchezza dai poveri ai ricchi nella storia del mondo*"[72]. Di nuovo, questo non è accaduto per caso.

Poi c'è la vista di 17 nazioni europee – le culle della democrazia moderna con una storia economica che risale a secoli fa – che si sono suicidate nella sovranità di spesa e in quella parlamentare. Lo hanno fatto agli ordini di un gruppo di tecnocrati non eletti e per il beneficio di una mafia di elite miliardarie. Un accadimento che avrebbe scioccato l'autore di *1984*. E come avete letto in queste pagine, neppure questo è accaduto per caso.

Nell'economia, il piano Neoclassico, Neomercantile e Neoliberista non fa eccezione. È *inimmaginabile-reso plausibile* che l'Irlanda sia stata costretta a giocarsi il suo fondo nazionale delle pensioni come pegno per essere solo in parte

71   Per le realtà sulla sicurezza del debito USA si vedano gli articoli degli economisti MMT su http://neweconomicperspectives.blogspot.com/, e il loro lavoro accademi- co alla University of Missouri-Kansas City, Centre for Full Employment and Price Stability.

72   Warren Mosler, World's got richer amid 09 recession. http://moslereco-nomics. com/2010/06/25/worlds-rich-got-richer-amid-09-recession/.

sostenuta proprio da coloro che l'hanno costretta al suicidio monetario. Come dire, prima ti mozziamo le gambe e poi tu devi impegnare la tua pensione per avere da noi una carrozzella scassata. È inimmaginabile-reso plausibile che nel Paese che vantava i sindacati più forti del mondo, l'Italia, quegli stessi sindacati si siano oggi uniti alle elite Neomercantiliste di Confindustria nel chiedere al governo misure severe per aumentare la competitività. Non capiscono, stolti, che in una nazione che non possiede più una sovranità monetaria, e che per questo non può più fare svalutazioni competitive, l'unica alternativa per aumentare la competitività è di svalutare i salari, renderci tutti più poveri. Più che stolti... Hanno ingoiato i 200 Euro di tassa che oggi un lavoratore deve pagare per ricorrere al Tribunale del Lavoro, una misura del pacchetto austerità imposto all'Italia dalle elite Neomercantiliste. Non hanno compreso da dove viene il recentissimo provvedimento che liberalizza la contrattazione sindacale in deroga anche allo Statuto dei lavoratori... non hanno letto i testi della lobby Business Europe che voi avete letto qui.

L'*inimmaginabile-reso plausibile* nella crisi finanziaria è il fatto che i criminali di Wall Street che hanno distrutto le vite di milioni di famiglie nel mondo sono stati salvati (e non incarcerati) perché erano *"troppo grossi per fallire"*, nel senso che se i governi non li avessero salvati, questi bastardi avrebbero continuato a distruggere tutto il mondo e non 'solo' metà. È come se tu dovessi pagare la cauzione del ladro che ti ha schiantato l'auto contro un muro se no quello la prossima volta quello ti schianta anche la casa. L'inimmaginabile-reso plausibile sono 50 milioni di esseri umani, fra cui 17 milioni di bambini, che l'anno scorso non hanno trovato abbastanza da mangiare... no, non in Somalia, ma nella più ricca nazione del mondo, gli Stati Uniti. Questo è il luogo dove nel frattempo il numero di miliardari è cresciuto da 793 a 1.011 grazie alla crisi finanziaria. Nella Gran Bretagna, che fu la culla dello Stato Sociale, l'*inimmaginabile-reso plausibile* sono le tende di Médecines du Monde nel quartiere di Hackney per fornire assistenza sanitaria d'emergenza ai residenti poveri. Non ci sorprende, visto che lo stesso Financial Times ha scritto che *"la nazionalizzazione delle perdite delle banche ha lasciato le famiglie inglesi ad affrontare tagli nel loro standard di vita al livello dei peggiori sofferti dal 1920 in poi"*. Nel quartiere di Haringey di Londra, la sede della recente sommossa di Tottenham, ci sono 54 disoccupati per ogni offerta di lavoro, una bella "armata di riserva dei disoccupati" in vita un secolo e mezzo dopo la morte di Marx.

Ancor più disperante è l'*inimmaginabile-reso plausibile* che ci portiamo dipinto nella mente, in faccia e nel corpo, e che si chiama apatia. Quando nel novembre del 2009 il capo supremo dei gangster di Wall Street, Lloyd Blankfein della Goldman Sachs, sorrise a un reporter e gli disse che loro avevano fatto *"il lavoro di Dio*", ci sarebbe dovuta essere una rivolta nelle strade in tutto l'Occidente, barricate e furia. Non ci sono parole possibili per descrivere l'oscenità di quella frase, alla faccia della sofferenza e dei destini troncati che lui e i suoi complici hanno causato in eserciti di famiglie qualunque. Ma no, nessuna rivolta, neppure un accenno. Come siamo ridotti? Cosa ne è della nostra dignità? Perché siamo collassati di fronte al volere di Lippmann e Huntington?

È fra noi, cari italiani

Non so chi sia tu lettore o lettrice che hai intrapreso la lettura di questo saggio. Non ho un'idea della tua origine, non so se in questo momento stai ripercorrendo con la memoria le immagini dei tuoi genitori, o dei nonni, o di te stesso, te stessa, e se ti sta montando dentro una rabbia cieca. Sei per caso un membro della Casta dei 'Stai senza'? Sei di coloro che crebbero con quattro asciugamani in bagno che dovevano bastare a tutta la famiglia? Coi vestiti riciclati della sorella maggiore o del cugino, che detestavi? A 12 anni eri quello che s'inventava di avere la febbre il giorno della gita scolastica perché non avevi mai i soldi per farla? O fosti costretto alla compagnia dei poco di buono del quartiere perché a stare con gli altri ci volevano i quattrini da spendere, ed è lì che hai iniziato con le sostanze? Vedesti tua madre invecchiare senza mai concedersi la cura del corpo, della pelle, senza mai quel momento dove regalarsi il lusso di apparire femmina, perché in casa non ce n'era per questo tipo di spese? Hai avuto un fratello che a 15 anni finì in officina perché se no non si pagavano le bollette, e addio ai suoi sogni di diventare medico? Lavori anche tu oggi per 900 euro al mese, magari hai 39 anni, e fra 15 giorni non sai se sarai al lavoro o di nuovo in quelle orribili agenzie dal nome americano? O peggio? Sei la storia di Antonio? Sei la storia di quella famiglia inglese? Vedesti la disperazione di papà quel giorno che te lo ritrovasti in casa alla mattina con la faccia buia, la mamma in cucina che non parlava? Crescesti anche tu coi nonni perché i genitori stavano a Torino, a Monaco di Baviera, o in un posto assurdo con un nome impronunciabile, e alla tua prima comunione non c'erano? Hai visto tuo marito o tua moglie morire in una camera d'ospedale a sei letti, distrutti dal dolore, tu e la zia a fare le notti per due mesi perché anche qui non ce n'era per questo tipo di spesa? Chi sei tu? Forse mi stai leggendo da un bell'appartamento donato da papà, magari hai fatto le vacanze tutti gli anni in posti diversi e all'estero. Può essere che per quella TAC urgente voi di famiglia conosciate l'amico primario, o che tu non sappia che significa andare all'asilo senza i giochi come gli altri, o non poter fare la festa del compleanno a casa tua perché ti vergognavi di invitare lì gli altri bambini. Forse tu non hai mai preso ceffoni dalla mamma cui scappavano le mani per disperazione, ma Dio sa come avrebbe voluto non averlo mai fatto. Tu forse non hai mai dovuto tacere di fronte all'arroganza di un padrone per il terrore di smettere di nutrire i tuoi figli. Forse tu non sai cosa ti fa dentro prendere le mani del capo fra le gambe e dover stare zitta per lo stesso motivo. O quando sei rimasta incinta, non ti ha mai sfiorata l'idea di abortire perché... *"ma come facciamo?"*.

Non so chi sei tu. Ma ascoltami bene: chiunque tu sia, riesci almeno a immaginare cosa deve essere stato per milioni di esseri umani vivere così? E cosa è oggi? Ce la fai? Se la risposta è sì, allora immagina che sofferenze del genere volute a tavolino da individui che sapevano, e che tuttora sanno perfettamente cosa andavano e cosa vanno a infliggere, meriterebbero lo scoppio di una guerra civile e un processo di Norimberga.

Immagino che tanti di voi in questo preciso momento si stiano guardando intorno increduli. Dopotutto appena fuori dalla finestra, o dentro a quello schermo Tv, pulsa l'Esistenza Commerciale che vende, vende e vende; ad agosto le autostrade erano stipate di villeggianti; tutti abbiamo il pc e i telefonini, l'auto, facciamo la spesa senza problema. Insomma, passi la distruzione degli Stati e delle leggi, la marginalizzazione dei cittadini istupiditi, se ne può discutere, ma di sicuro vi state chiedendo: *"Forse 30 anni fa, sì, ma dov'è questo disastro d'impoverimento che il Vero Potere ha pianificato da 70 anni e che ci starebbe piombando addosso?"*. Eccolo dov'è, di seguito vi elenco solo pochi dati, freddi ma agghiaccianti, di cosa ci sta succedendo proprio ora a causa dell'ultima tranche del Più Grande Crimine.

Il *Tribunale Internazionale degli Speculatori e degli Investitori* – leggi il Vero Potere, coloro cioè che con il ricatto del portare o sottrarre investimenti colossali tengono in ostaggio oggi qualsiasi Paese (è la pratica del capital flight) – movimenta nel mondo qualcosa come 625.000 miliardi di dollari di scommesse finanziarie: è 38 volte il PIL degli Stati Uniti d'America. Costoro hanno fatto sparire dall'Italia nel 2008 ventiquattro miliardi di euro, e 457 miliardi in totale nell'arco della crisi finanziaria. 457! Gli stessi personaggi hanno causato in buona parte quella crisi. Seguite? Tenete a mente queste cifre. Bene, ecco l'Italia:

la disoccupazione nel nostro Paese è oggi oltre il 12%, con punte del 23% nel Sud;

i fallimenti delle aziende italiane sono aumentati nel 2009 del 40%;

il 30% degli italiani è costretto a ricorrere al prestito;

il 38% è in seria difficoltà economica;

il 76% è costretto alla flessibilità sul lavoro, con limiti invalicabili per l'acquisto di una casa o persino per la pianificazione di una famiglia;

il lavoro a chiamata, anche detto 'intermittente', è aumentato del 75% dal 2007. Chi lavora a queste miserabili condizioni sono soprattutto operai, e lavorano un settimo degli altri dipendenti;

un milione e 650 mila italiani se perdessero il lavoro non avrebbe alcuna copertura o sussidio;

il 50% delle pensioni italiane non raggiunge i 1000 euro, il 27% delle pensionate arriva a meno di 500 euro. Siamo sotto al livello ufficiale di minima sussistenza per la metà di tutti i pensionati italiani;

il 10% più ricco degli italiani ha il 44% di tutta la ricchezza, mentre il 50% più povero ha il 10%;

1 italiano su 5 rimanda le visite specialistiche urgenti per mancanza di mezzi;

l'11,2% non ha neppure il denaro per le spese mediche ordinarie;

il 31% non potrebbe trovare 750 euro per una spesa d'emergenza in famiglia, 3 italiani su 10 che vedi in strada se gli si spacca un ponte stanno senza denti;

l'11% degli italiani non si riscalda d'inverno, è un cittadino su 10 che vedi in strada;

l'attacco speculativo delle elite ai titoli di Stato italiani dell'estate 2011 ha costretto il governo a partorire le misure di austerità devastante che sono sui quotidiani mentre scrivo. Inutile ripeterle qui. Utile ricordarsi che né Berlusconi né Tremonti hanno alcun potere di farci alcunché.

Questa catastrofe è fra noi, già ora, e dietro ai numeri ci sono persone vere, che abitano con te, se sei sfortunato/a, o vicino a te. Ma come al solito dovremo arrivare alle code in strada con i bollini per un pasto caldo al giorno, come accade già oggi in USA, per credere a quanto avete finora letto.

Ho già detto che il Vero Potere ha sottratto all'Italia fra il 2007 e il 2010 quattrocentocinquantasette miliardi di euro, sono circa trentadue finanziarie scomparse dalla vita dei lavoratori italiani e dal futuro dei loro figli, da quelli cui viene detto che ci vogliono i tagli alla spesa pubblica, ai comuni ecc. Il 'cortiletto del potere', che oggi è Silvio Berlusconi con la Casta e le mafie, difendono interessi rispettivamente di sei miliardi di euro, quattro miliardi e di novantuno miliardi. Contro 457. Non voglio qui sminuire l'importanza delle lotte alle mafie, alla P2-P3-P4, delle indagini sulla strategia della tensione o sulla corruttela italica, ma si deve comprendere che queste manifestazioni sono sempre state solo una funzione al servizio del Vero Potere, non il potere in sé. I dati citati sopra sono ciò che esso ci ha sottratto negli ultimi pochi mesi. Quanto ha sottratto all'Italia negli scorsi 40 anni è incalcolabile, indicibile, sia in termini di cifre che di speranze e destini umani, senza dubbio immensamente di più del danno arrecatoci dalle trame di questo Paese, mafie incluse. Ma oggi in Italia un incessante – e forse sospetto – coro di personaggi pubblici sta maniacalmente dicendovi che la minaccia che incombe sulle famiglie e sulla democrazia sono alcune leggi ad personam, le zuffe del CSM o le donne del premier, e di fatto tutto l'attivismo dei cittadini corre a guardare di là. In altre parole: siamo sotto attacco nucleare, ma ci danniamo tutti per la rissa al bar di quartiere.

Nel mezzo noi, i nostri figli, il loro futuro e oceani di sofferenze private. Nel mondo povero del Sud, che già ha sofferto come non si può descrivere, la distruzione del Tridente ha sancito la fine del loro futuro prima ancora che se lo potessero immaginare.

Dovrebbe, se tutta questa storia fosse sufficientemente divulgata, scoppiare una guerra civile. I nostri antenati, che con mezzi rudimentali e con pericoli orrendi riuscirono a sconfiggere 4.000 anni di assolutismi brutali, sarebbero già in strada. Noi no. Il Vero Potere sapeva bene di questa possibilità e ci ha annullati proprio per disattivarla.

Vi lascio con queste parole: ritroviamo il coraggio di salvarci la vita. Insegniamo ai nostri bambini la prima materia in ordine d'importanza al mondo: il coraggio. Il dramma è che non sappiamo più reagire, e siamo i primi nella Storia a essere così pavidi. Divulgate quello che avete letto, la gente deve innanzi tutto sapere chi è il Vero Potere, cosa ha fatto, per poterlo combattere. Alla fine, tocca a noi.

Reagire

Siete arrivati fin qui. Bene. Se siete i soliti lettori o lettrici che si indignano da anni per un sacco di cose e che poi rischiano la pelle… dell'indice destro nella gloriosa lotta sulle barricate della scrivania del computer fra Facebook e i blogs, vi saluto qui. Non leggete oltre. Ciao.

Per te, e per quell'altro, cioè quei due o tre rimasti in Italia che ci mettono ancora il corpo nella battaglia della vita reale, fra la gente, nei luoghi del potere, e che ci mettono la perseveranza e la sofferenza necessaria a fare quella cosa che si chiamava lotta per cambiare la Storia, concludo questo saggio dicendovi che l'ho scritto per voi in realtà. E vi lascio con una metafora. Potrà sembrarvi strana al termine di pagine zeppe di politica ed economia, ma la ritengo di eccezionale efficacia.

L'ho tratta da una scena filmata nella savana del Sud Africa che ha affascinato oltre 62 milioni di spettatori su Youtube[73]. In quella scena una mandria di immensi bufali se ne va a spasso lungo la riva di un fiume, mentre a loro insaputa quattro leonesse si stanno acquattando poco distante per un attacco. Pochi minuti dopo ciò avviene, la mandria è presa dal panico e fugge sparsa e caotica. E' incredibile vedere centinaia di bufali che pesano come camion e che sono un unico fascio di muscoli e corna micidiali fuggire di fronte a quattro felini pelle e ossa. Le leonesse riescono ad azzannare un vitello e lo trascinano con violenza selvaggia sulla sponda del fiume, in parte ruzzolando in acqua. La scena diviene ancor più angosciante quando un coccodrillo si spara fuori dal fiume e a sua

---

73   Lo si vede qui http://www.youtube.com/watch?v=LU8DDYz68kM.

volta azzanna il posteriore del vitellino. Ne segue un tiro alla fune fra il rettile e le belve che ghiaccia il sangue, anche solo a immaginare il dolore che quella povera bestia sta soffrendo prima di morire dilaniata. Ma perché quei colossi di animali non tornano indietro a salvare il loro piccolo? Cristo, ne basterebbero pochi in quella mandria per fare a pezzi chi lo sta divorando. Non si rendono conto della loro forza?

Ma proprio quando si sarebbe tentati di smettere di guardare il resto della scena, la telecamera zooma indietro e le sopraccitate domande trovano risposta. Dapprima tentennati, poi più decisi, infine con potenza selvaggia i bufali maschi montano una carica per salvare il vitello straziato. La scena è esaltante: la mandria forma un muro nero di furia crescente che circonda le quattro leonesse, i cui corpi sono ora rattrappiti dalla paura. Una di loro viene sparata in aria da una cornata come fosse un micio di pochi etti, le altre sono messe in fuga nell'arco di pochi secondi. Il coccodrillo si dilegua in acqua. Incredibilmente la vittima è ancora viva e riesce a barcollare fra gli adulti che si chiudono in cerchio a sua protezione.

Credo che non vi sia bisogno di spiegare questa metafora. Rimane una domanda: se lo sanno fare i bufali, perché noi non più?

Certo, si è detto che ci hanno resi apatici... i mass media, la Cultura della Visibilità, Lippmann... è vero. Ma c'è di più, e voi pochi sopravvissuti del vero agire dovete sapere di cosa si tratta.

Utile per iniziare è una recente dichiarazione del reporter investigativo americano Matt Taibbi, che commentando la frode dei mutui subprime americani ha detto: *"L'unica ragione per cui la gente non è furiosa per sta storia è che in realtà essi non capiscono cos'è successo. Se al posto di finanza si fosse trattato di costruttori di auto che avevano venduto ai cittadini degli Stati Uniti trilioni di dollari di auto difettose, ci sarebbero sommosse per le strade oggi"*[74]. Bene, non sprechiamo tempo e diciamo subito che una delle principali ragioni per cui i cittadini, e specialmente quelli di sinistra, non hanno mai trovato la forza necessaria a contrastare il piano Neoclassico, Neomercantile e Neoliberista è anche perché non lo capiscono. Considerano questo crimine – e le gesta delle elite finanziarie e grandi industriali – come una serie di scorribande **opportunistiche** da parte di *Globocrati* miliardari che si fiondano come avvoltoi a spolpare le nostre società ogniqualvolta gli è possibile. Sbagliato. In certi casi alcuni attivisti o intellettuali ammettono l'esistenza di un complotto globale per sfruttare le masse, ciò che spesso chiamano "*Il Sistema*". Fuochino, ma ancora

74   Matt Taibbi, Why isn't Wall Street in Jail?, Democracy Now!, February 22, 2011.

non hanno fatto centro.

Quello che non vedono è che in realtà stiamo tutti affrontando qualcosa che appartiene a una categoria del tutto straordinaria: una pianificazione di almeno 75 anni durante la quale praticamente **ogni caposaldo di ciò che oggi tutti considerano 'fare buona economia' fu ideato dalle elite per nascondere l'esatto opposto**, e cioè i mezzi per ottenere uno spolpamento **strutturale** del nostro bene comune. È questo l'inganno spettacolare che ancora oggi impedisce alla sinistra di fermare quella macchina mostruosa.

Infatti, la maggioranza delle persone, e tutta la sinistra, crede fermamente in quei capisaldi e li difendono pure. Ripeto: l'inganno delle elite ha fatto sì che la maggior parte della loro economia predatrice **sembrasse addirittura benefica, logica**. I cittadini e gli attivisti l'hanno adottata e oggi non riescono più a collegare i puntini fra ciò che loro considerano 'fare buona economia' e il piano delle elite. Sono stati turlupinati in modo clamoroso. Per esempio: chi mai oggi metterebbe in discussione che il deficit e il debito dello Stato è una sciagura e che debbano sempre essere eliminati? Chi oggi dubita che il futuro prospero dell'Europa stia in una *"unione che fa la forza"* per contrastare USA e Cina? La sinistra, poi, non solo predica anch'essa la riduzione della spesa a deficit (anche positiva) dello Stato, ma dà per scontato che siano le tasse la fonte di denaro pubblico da spendere per il Sociale. C'è qualcuno a sinistra che sta gridando *"il deficit pubblico è la ricchezza dei lavoratori, NON il loro debito"*? Oppure *"Lo Stato torni alla moneta sovrana e spenda a deficit per noi"*? No, neppure uno. E ora che avete letto queste righe, voi sapete bene cosa le elite sono riuscite a rubarci, e a infliggerci, proprio grazie ai falsi dogmi del debito sciagura, della unione europea che fa la forza, delle tasse necessarie alla spesa sociale, del deficit uguale a debito dei cittadini, dello Stato che mai deve spendere a deficit.

Insomma, il risultato di ciò è che coloro che da sinistra credono di lottare contro il Sistema in realtà lo stanno nutrendo con il loro credere nella 'buona economia', che altro non è se non esattamente l'economia predatrice delle elite spacciata per buon senso. I *Globocrati* sono stati molto più intelligenti di quanto chiunque di voi creda.

E allora, bando alle ciance. Ecco cosa fare: dobbiamo aiutare le persone a comprendere

   a) che stiamo affrontando un piano molto più strutturato e ampio di quanto chiunque si immagini;

b) che di gran lunga l'attacco più devastante alla democrazia non è politico, come molti credono. Le istituzioni democratiche sono state scardinate soprattutto dalla rimozione, ideologicamente e fisicamente ottenuta, della sovranità di spesa degli Stati e dei loro poteri legislativi sovrani. Infatti, una volta che gli Stati divengono incapaci di spendere a sufficienza per preservare il benessere del popolo, non c'è più speranza di mantenere alcun bene comune, e i giochi vanno tutti a favore delle elite. E preservare il bene comune è la democrazia stessa;

c) che conseguentemente al fine di preservare la nostra democrazia dobbiamo prima di tutto affrontare i dogmi economici distruttivi delle elite. Questo può essere fatto solo attraverso dei principi economici che rivendichino il primato della Spesa a Deficit Positiva per la difesa del bene comune, cioè il primato della ricchezza democratica su quella delle elite. La teoria economica del Modern Money Theory è precisamente quei principi, poiché permette di ottenere la piena occupazione, il pieno Stato Sociale e di mantenere la stabilità dei prezzi lontano dall'inflazione, cioè di creare una cittadinanza forte.

E allora dovremo

Organizzarci in divulgatori che stando fra la gente comune e nei luoghi della gente comune, fra i lavoratori, fra i piccoli imprenditori, e nella sinistra, permetta a tutti costoro di aprire gli occhi per capire A) le vere origini del presente disastro sociale ed economico, ovvero del colpo di Stato finanziario che sta storpiando la Storia B) il fatale inganno nascosto in ciò che loro considerano oggi 'fare buona economia', e C) come Modern Money Theory ci può aiutare a salvare la nostra esistenza. Cioè la democrazia.

Paolo Barnard

Gli economisti consulenti di questo saggio

L. Randall Wray, Professor of Economics, Research Director of CFEPS at the University of Missouri – Kansas City, and Senior Scholar at The Levy Economics Institute of Bard College

Stephanie Kelton, Associate Professor of Macroeconomics, Finance, and Money and Banking, Senior Scholar at The Center for Full Employment and Price Stability (CFEPS), University of Missouri – Kansas City

Bill Mitchell, Research Professor in Economics and Director of the Centre of Full Employment and Equity (CofFEE), at the University of Newcastle, NSW Australia.

Alain Parguez, Professore Emerito di economia all'Università di Besancon, Francia, consulente della European Investment Bank del Lussemburgo e associato al Jerome Levy Economics Institute, USA.

Warren Mosler, International Consulting Economist and blogger at The Center of the Universe, Associate Fellow, University of Newcastle, Australia

John F. Henry, Department of Economics University of Missouri-Kansas City.

Mario Seccareccia, Professore di Economia, Department of Economics, University of Ottawa

Joseph Halevi, Professore di Economia all'Università di Sydney, Australia.

William K. Black, J.D., Ph.D. Associate Professor of Law and Economics at the University of Missouri-Kansas City. Testimone presso il Senate Agricultural Committee on the regulation of financial derivatives e la House Governance Committee on the regulation of executive compensation, USA.

Olivier Giovannoni, Visiting Lecturer at the Department of Economics at the University of Texas at Austin. Ph.D. in economics from the University of Nice, France.

Pavlina Tcherneva, Assistant Professor of Economics at Franklin and Marshall College, Senior Research Associate at CFEPS and Research Associate at The Levy Economics Institute of Bard College.

Bibliografia e fonti

Prima fonte: ventisette ore di consulenze registrate in otto mesi con i sopraccitati economisti.

Poi:

Understanding Modern Money: The Key to Full Employment and Price Stability, Wray, L. R. 1998. Edward Elgar

Money and Credit in Capitalist Economies: The Endogenous Money Approach, Aldershot, Wray, L.R. 1990. Edward Elgar

Endgame for the Euro? Public Policy Brief, N. 113, 2010, Levy Economics Institute of Bard College, Dimitri Papadimitriou, L. Randall Wray, Yeva Nersisyan

The Road from Mont Pèlerin, The Making of the Neoliberal Collective, by Philip Mirowski, Dieter Plehwe, Harvard Univerity Press, Cambridge Massachussets, London 2009

The tragic and hidden history of the European Monetary Union, © Alain Parguez, November 2009, presentazione al Centre for European studies (University of Massachusetts, Boston, Harbour campus)

The Historic Roots of the Neoliberal Program, John F. Henry, Journal of Economic Issues, N.2 Giugno 2010

The Ideology of Laissez Faire Program, John F. Henry, Journal of Economic Issues, N.1 Marzo 2008

Does Excessive Sovereign Debt Really Hurt Growth? A Critique of This Time is Different, by Reinhart and Rogoff, Levy Working Paper, Yeva Nersisyan and L. Randall Wray 2010

Public Sector Employment, Foreign Exchange and Trade, Achieving Full Employment, edited by Ellen Carlson and William F. Mitchell, pp. 62-71, vol. 12, ELRR: Sydney, 2001.

Unemployment and Fiscal Policy, Unemployment: The Tip of the Iceberg, William Mitchell and Ellen Carlson (eds.), pp. 219-231, CAER: Sydney, 2001.

Seigniorage or Sovereignty?, in Modern theories of money, edited by Louis-Phillip Rochon and Sergio Rossi, Edward Elgar publishing, 2003.

The Post Keynesian Approach to Money (in Francese), in Theories Monetaires post Keynesiennes, Pierre Piégay and Louis-Philippe Rochon (eds), Paris: Economica, 2003.

Alternative Finances, Susan George, Le Monde Diplomatique, 01 febbraio 2007

Il Tesoro della Casta, Gianni Del Vecchio e Stefano Pitrelli, L'Espresso 16/03/09

Il Potere Opaco che Governa l'Italia, Roberto Mania, La Repubblica 02/03/09

Financial Lobbies A Guided Tour of the Brussels EU Quarter, Corporate Europe Observatory, 23 September 2009

Free Market Think Tank Links, Atlas Economic Research Foundation ~ 1201 L St. NW Washington, DC

The Omega Project, The Adam Smith Institute, by Norman Chapman et al. from research conducted for the Adam Smith Institute.

Crollano gli investimenti esteri, In Italia -57 per cento Sole 24 Ore, 17 settembre 2009

World Investment Prospects Survey, UNCTAD, 2009-2011

Gli italiani e il risparmio, Indagine Ipsos, 06/12/2007

Mille euro in più in un anno, i debiti delle famiglie italiane, La Repubblica 14/8/2010

Relazione Generale sulla situazione economica del Paese, Ministero Economia , 17/8/2010

La distruzione dello Stato Sociale attraverso la catastrofe delle liberalizzazioni – privatizzazioni in Italia, www.movisol.org, Claudio Giudici, 2009

Privatizzare è bello, Cinzia Arruzza, ATTAC Italia, Forum Sociale Europeo, 8/11/2002

Acqua, rifiuti, trasporti: tutti i servizi pubblici locali ai privati, Marco Bersani, ATTAC Italia, 11/9/2009

XXIV Indagine, Osservatorio Demos-Cop sul Capitale Sociale, 23/12/2009

Rapporto di giugno, Osservatorio CIG Dipartimento Settori Produttivi CIGL, Repubblica 17/7/2010

Indagine annuale Istat su reddito e condizioni di vita, ultimo trimestre 2008

Rapporto fra gli italiani e il SSN, Censis, 22/12/2009

Supplemento Bollettino Statistico Banca d'Italia, 16/12/2009

Lectio Magistralis facoltà di statistica Università di Padova, Mario Draghi, 18/12/2009

Rapporto Plus, Isfol, anticipazione del 2/12/2007

Gli italiani e il risparmio, ACRI e Ipsos nella Giornata Mondiale del Risparmio, 6/12/20007

Osservatorio trimestrale sulla crisi d'impresa, Cerved Group, 7/12/2009

Italy: State Aid to Italian Banking system, rapporto della Commissione Europea 2/9/2009

Government Bailout of Banks as a Percentage of GDP, The Wall Street Journal, 20/10/2009

Istat, boom del lavoro intermittente, Repubblica, 26/8/2010

4 Banks Face Trial in Italy Over Interest-Rate Swaps, The New York Times, 17 marzo 2010

Lo swap sui tassi d'interesse, o interest rates swap (IRS), di Riccardo Grotti Tedeschi, Direttore Dipartimento Economia, Diritto ed Istituzioni del Centro Tocqueville-Acton

Demand Constraints and Big Government, Journal of Economic Issues, XLII, 1, March 2008, 153-173.

An Alternative View of Finance, Saving, Deficits, and Liquidity, International Journal of Political Economy, Vol. 38, No. 4 (Winter 2009-10);

A Keynesian Presentation of the Relations Among Government Deficits, Investment, Saving, and Growth, Journal of Economic Issues, Vol. 23, No. 4, 1989, pp. 977-1002.

How to Implement True, Full Employment, in Proceedings of the 53rd Annual Meeting of the Industrial Relations Research Association, 2001

The War on Poverty Forty Years On, (co-autrice Stephanie Bell), in Challenge, September-October 2004, vol 47, no. 5, pp. 6-29.

Demand Constraints and Big Government, the Journal of Economic Issues vol xlii, no 1, March 2008, pp. 153-173

A Post Keynesian View of Central Bank Independence, Policy Targets, and the Rules versus Discretion Debate, 2007, Journal of Post Keynesian Economics, vol 30, no 1, pp. 119-141.

In edizione eBook MABED - Edizioni Digitali

e-saggi

Il più grande crimine
Paolo Barnard

La storia dell'economia (che ti dà da mangiare) spiegata a Lollo del mio bar
Paolo Barnard

Nonna, ti spiego la crisi ecoonomica
Paolo Barnard
(anche in versione cartacea)

&

e-saggi fantasy

Westeros. Il Trono di Spade dal romanzo alla realtà
Fabiola Cannata

In edizione eBook MABED- Edizioni Sì

In alto il deficit!
Warren Mosler, Paolo Barnard

Uccidere il dio dell'austerità
Daniele Basciu

L'assurdità dei sacrifici. Elogio della spesa pubblica
John Maynard Keynes

Moneta e Società
Nino Galloni

L'Unione Monetaria Europea: storia segreta di una tragedia
Alain Parguez

1981: il divorzio fra Tesoro e Banca d'Italia
Daniele Della Bona

Napolitano, il Capo della Banda
Ugo M. Tassinari

Tutto quello che occorre sapere prima di vaccinare il proprio bambino
Eugenio Serravalle

Come insegnare le regole ai bambini
Andrea Magnani

Pratica del digiuno breve
Giuseppe Cocca

www.mabed.it

mabededizionidigitali

MABED_eBook

www.ingramcontent.com/pod-product-compliance
Lightning Source LLC
Chambersburg PA
CBHW021932190326
41519CB00009B/994